春秋經傳集解襄二第十五

杜氏　盡十五年

經十年春公會晉侯宋公衛侯曹伯莒子邾子滕子薛伯杞伯小邾子齊世子光會吳于柤吳子在柤晉以諸侯從會之故曰會吳吳不稱子從所稱也柤楚地柤莊加切○夏五月甲午遂滅偪陽偪陽妘姓國今彭城傅陽縣也因柤會而滅之故曰遂偪徐甫目切又彼力切本或作逼妘音云○公至自會無傳○楚公子貞鄭公孫輒帥師伐宋○晉師伐秦荀罃不書不親兵也○秋莒人伐我東鄙○公會晉侯宋公衛侯曹伯莒子邾子齊世子光滕子薛伯杞伯小邾子伐鄭齊世子光先至於師爲盟主所尊故在滕上○冬盜殺鄭公子騑公子發公孫輒非國討當兩稱名氏殺者非卿故稱盜以盜爲文故不得言其大夫○戍鄭虎牢伐鄭諸侯各受晉命戍虎牢不復爲告命故獨書魯戍而不敘諸侯復扶又切○楚公子貞帥師救鄭○公至自伐鄭無傳

傳十年春會于柤會吳子壽夢也壽夢吳子乘夢莫公反三月癸丑齊高厚相大子光以先會諸侯于鍾離不敬吳子未至光從東道與東諸侯會遇非本期地故不書會高厚高固子也癸丑月二十六日相息亮切士莊子曰高子相大子以會諸侯將社稷是衛而皆不敬厚與光俱不敬棄社稷也其將不免乎爲十九年齊殺高厚二十五年弑其君光傳夏四月戊午會于柤經書春書始行也戊午月一日晉荀偃士匄請伐偪陽而封宋向戌焉以宋常事晉而向戌有賢行故欲封之爲附庸行下孟切荀罃曰城小而固勝之不武弗勝爲笑固請丙寅圍之弗克丙寅四月九日孟氏之臣秦堇父輦重如役堇父孟獻子家臣步挽重車以從師堇徐音謹挽音晚偪陽人啓門諸侯之士門焉見門開故攻之縣門發郰人紇抉之以出門者門者諸侯之士在門內者也紇郰邑大夫仲尼父叔梁紇也郰邑魯縣東南莝城是也言紇多力抉舉縣門出在內者縣音玄郰側留切紇恨發切抉烏穴切徐又古穴切出如字一音尺遂切狄虒彌建大車之輪而蒙之以甲以爲櫓狄虒彌魯人也蒙覆也櫓大楯虒音斯彌徐音彌一音武脾切櫓音魯楯常尹切又音尹左執之右拔戟以成一隊百人爲隊隊徒對切徐徒猥切孟獻子曰詩所謂有力如虎者也詩邶風也邶音佩主人縣布堇父登之及堞而絕之偪陽人縣布以試外

勇者(諜)音牒徐養涉切隊則又縣之蘇而復上者三主人辭焉乃退主人嘉其

勇故辭謝不復縣布(隊)直類切(復)扶又切(上)時掌切(三)息暫切又如字帶其斷以徇於軍三日帶其

斷布以示勇(斷)徒亂切(徇)似俊切諸侯之師久於偪陽荀偃士匄請於荀罃曰

水潦將降懼不能歸向夏恐有久雨從丙寅至庚寅二十五日故曰久(潦)音老請班師班還也

知伯怒知伯荀罃(知)音智投之以机出於其間出偃匄之間(机)本又作几同曰女成

三事而後告余二事代偪陽封向戌(女)音汝下同余恐亂命以不女違既成改之為亂

命女既勤君而興諸侯牽帥老夫以至于此既無武守無武功可執守

而又欲易余罪曰是實班師不然克矣謂偃匄將言爾余羸老也可重

任乎不任受女此責(責)岁危切(重)直用切(任)音壬七日不克必爾乎取之言當取女以謝不克

之罪五月庚寅月四日荀偃士匄帥卒攻偪陽親受矢石躬在矢石間(卒)子忽

切甲午滅之月八日書曰遂滅偪陽言自會也言其因會以滅國非之也以與

向戌向戌辭曰君若猶辱鎮撫宋國而以偪陽光啓寡君群臣

安矣其何貺如之言見賜之厚無過此(貺)音況賜也若專賜臣是臣興諸侯以

自封也其何罪大焉敢以死請乃予宋公宋公享晉侯於楚丘

請以桑林桑林殷天子之樂名荀罃辭辭讓之荀偃士匄曰諸侯宋魯於是

觀禮宋王者後魯以周公故皆用天子禮樂故可觀魯有禘樂賓祭用之禘三年大祭則作四代之

樂別祭群公則用諸侯樂(禘)大計切宋以桑林享君不亦可乎言俱天子樂也舞師題以

旌夏師樂師也旌夏大旌也題識也以大旌表識其行列(題)大兮切(夏)戶雅切(識)申志切又如字(行)戶郎切晉侯

懼而退入于房旌夏非常卒見之人心偶有所畏(卒)寸忽切去旌卒享而還及著雍

疾晉侯疾也著雍晉地(去)起呂切(著)徐都慮切又徐慮切(雍)於用切卜桑林見祟見於卜兆(見)賢遍切(祟)息遂

切荀偃士匄欲奔請禱焉奔走還宋禱謝(禱)丁老切荀罃不可曰我辭禮矣

彼則以之以用也猶有鬼神於彼加之言自當加罪於宋晉侯有間間疾差也

(差)初賣切以偪陽子歸獻于武宮謂之夷俘諱俘中國故謂之夷(俘)芳夫切偪陽妘

姓也使周內史選其族嗣納諸霍人禮也霍晉邑內史掌爵祿廢置者使選偪陽宗

族賢者令居霍奉妘姓之祀善不滅姓故曰禮也使周史者示有王命(令)力呈切下令在勸令同師歸孟獻子

以秦堇父為右嘉其勇力生秦丕茲事仲尼高二父以力相尚子事仲尼以德相高釋文秦

(丕兹一本作秦不兹)○六月，楚子囊、鄭子耳伐宋，師于訾毋。(宋地。訾，子斯切；毋，音無)

庚午，圍宋，門于桐門。(不成圍而攻其城門)○晉荀罃伐秦，報其侵也。(侵在九年)

○衛侯救宋，師于襄牛。鄭子展曰：必伐衛，不然，是不與楚也。得罪於晉，又得罪於楚，國將若之何？子駟曰：國病矣。(師數出，疲病也。數，所角切；疲，音皮)子展曰：得罪於二大國，必亡。病不猶愈於亡乎？諸大夫皆以為然。故鄭皇耳帥師侵衛，楚令也。(亦兼受楚之敕命也。皇耳，皇戌子)孫文子卜追之，獻兆於定姜。姜氏問繇。(繇，兆辭。繇，直救切)曰：兆如山陵，有夫出征，而喪其雄。姜氏曰：征者喪雄，禦寇之利也。大夫圖之。衛人追之，孫蒯獲鄭皇耳于犬丘。(蒯，孫林父子。喪，息浪切；禦，魚呂切；蒯，苦怪切)○秋七月，楚子囊、鄭子耳伐我西鄙。(於魯無所恥諱而不書，其義未聞)還，圍蕭。八月丙寅，克之。(蕭，宋邑)九月，子耳侵宋北鄙。孟獻子曰：鄭其有災乎！師競已甚。(競，爭競也。爭，爭鬬之爭，下有之爭同)周猶不堪競，況鄭乎？(周謂天王)有災，其執政之三士乎！(鄭簡公幼少，子駟、子國、子耳秉政，故知三士任其禍也。為下盜殺三大夫傳。少，詩照切；任，音壬)○莒人間諸侯之有事也，故伐我東鄙。(諸侯有討鄭之事。間，間廁之間)○諸侯伐鄭。齊崔杼使大子光先至于師，故長於滕。(大夫宜賓之以上卿，而今晉悼以一時之宜，令在滕侯上，故傳從而釋之。長，丁丈切)己酉，師于牛首。(鄭地)○初，子駟與尉止有爭，將禦諸侯之師，而黜其車。(禦牛首師也。黜，減損)尉止獲，又與之爭。(獲囚俘)子駟抑尉止曰：爾車非禮也。(言女車猶多過制)遂弗使獻。(不使獻所獲)初，子駟為田洫，司氏、堵氏、侯氏、子師氏皆喪田焉。(洫，田畔溝也。子駟為田洫以正封疆，而侵四族田。洫，況域切；堵，音者，或丁古切；喪，息浪切；疆，居良切)故五族聚群不逞之人，因公子之徒以作亂。(八年子駟所殺公子熙等之黨。熙，許其切，本亦作熙，音怡)於是子駟當國，(攝君事也)子國為司馬，子耳為司空，子孔為司徒。冬十月戊辰，尉止、司臣、侯晉、堵女父、子師僕帥賊以入，晨攻執政于西宮之朝，(公宮)殺子駟、子國、子耳，劫鄭伯以如北宮。子孔知之，故不死。(子孔，公子嘉也。知難不告，利得其處也。為十九年殺公子嘉傳。難，乃旦切；處，昌慮切)書曰盜，言無大夫焉。(尉止等五人皆士也。大夫謂卿)子西聞盜，不儆而出，(子西，公孫夏，子駟子。儆，音景；夏，戶雅切)尸而追盜，(先臨尸而逐賊)盜入於北

宮乃歸授甲臣妾多逃器用多喪子產聞盜子國子爲門者置守門
庀羣司具衆官庀匹婢切閉府庫慎閉藏完守備成列而後出兵車十
七乘千二百七十五人藏才浪切乘繩證切又如字守手又切尸而攻盜於北宮子蟜帥國
人助之殺尉止子師僕盜衆盡死侯晉奔晉堵女父司臣尉翩
司齊奔宋尉翩尉止子司齊司臣子翩音篇子孔當國代子駟爲載書以位序聽
政辟自羣卿諸司各守其職位以受執政之法不得與朝政辟婢亦切與音預下魯不與同大夫諸司門
子弗順將誅之子孔欲誅不順者子產止之請爲之焚書既止子孔又勸令燒除載
書爲于僞切子孔不可曰爲書以定國衆怒而焚之是衆爲政也國
不亦難乎難以至治治直吏切子產曰衆怒難犯專欲難成合二難以安
國危之道也不如焚書以安衆子得所欲欲爲政也衆亦得安不亦
可乎專欲無成犯衆興禍子必從之乃焚書於倉門之外衆而
後定不於朝內燒欲使遠近見所燒○諸侯之師城虎牢而戍之晉師城梧及
制欲以偪鄭也不書城魯不與也梧制皆鄭舊地梧音吾士魴魏絳戍之書曰戍鄭虎牢

非鄭地也言將歸焉二年晉城虎牢而居之今鄭復叛故修其城而置戍鄭服則欲以還鄭故夫子追書
繫之于鄭以見晉志復扶又切見賢遍切○鄭及晉平楚子囊救鄭十一月諸侯之
師還鄭而南至於陽陵還繞也陽陵鄭地還本又作環戶關切徐一音患楚師不退知
武子欲退曰今我逃楚楚必驕驕則可與戰矣武子荀罃欒黶曰逃
楚晉之恥也合諸侯以益恥不如死我將獨進師遂進己亥與
楚師夾潁而軍潁水出城陽至下蔡入淮潁音頴子蟜曰諸侯既有成行必不
戰矣言有成去之志從之將退不從亦退從猶服也退楚必圍我猶將退也
不如從楚亦以退之以退楚宵涉潁與楚人盟夜渡畏晉知之欒黶欲伐
鄭師伐涉潁者荀罃不可曰我實不能禦楚又不能庇鄭鄭何罪不如
致怨焉而還致怨爲後伐之資禦魚呂切庇必利切今伐其師楚必救之戰而不克
爲諸侯笑克不可命勝負難要不可以必克要一遙切不如還也丁未諸侯之
師還侵鄭北鄙而歸欲以致怨楚人亦還鄭服故也○王叔陳生與伯輿
爭政二子王卿士輿本又作與音同王右伯輿右助也王叔陳生怒而出奔及河

王復之欲奔晉殺史狡以說焉說王叔也(狡)古卯切(說)音悅又如字不入遂處之處叔河上

晉侯使士匄平王室王叔與伯輿訟焉爭曲直王叔之宰宰家臣與伯輿之大夫瑕禽瑕禽伯輿屬大夫坐獄於王庭獄訟也周禮命夫命婦不躬坐獄訟故使宰與屬大夫對爭曲直士匄聽之王叔之宰曰篳門閨竇之人而皆陵其上其難爲上矣篳門柴門閨竇小戶穿壁爲戶上銳下方狀如圭也言伯輿微賤之家(篳)音必(閨)音圭本亦作圭(竇)音豆瑕禽曰昔平王東遷吾七姓從王牲用備具王賴之而賜之騂旄之盟平王從時大臣從者有七姓伯輿之祖皆在其中主爲王備犧牲共祭祀王恃其用故與之盟使世守其職騂旄赤牛也舉騂旄者言得重盟不以犬雞(從)才用切又如字(騂)息營切字林許營切(旄)音毛(爲)于僞切(共)音恭曰世世無失職若篳門閨竇其能來東底乎且王何賴焉言我若貧賤何能來東使王恃其用而與之盟邪底至也(底)音旨今自王叔之相也政以賄成賄財制政(相)息亮切(賄)呼罪切而刑放於寵寵臣專刑不任法官之師旅不勝其富師旅之長皆受賂(勝)音升(長)丁丈切吾能無篳門閨竇乎言王叔之屬富故使吾貧唯大國圖之圖猶議也下而無直則何謂正矣正者不失下之直(下)或作可誤也范宣子曰天子所右寡君亦右之所左亦左之宣子知伯輿直不欲自專故推之於王(右)音又(左)音佐左右並如字使王叔氏與伯輿合要合要辭王叔氏不能舉其契要契之辭(契)苦計切王叔奔晉不書不告也單靖公爲卿士以相王室代王叔

經十有一年春王正月作三軍增立中軍萬二千五百人爲軍○夏四月四卜郊不從乃不郊無傳○鄭公孫舍之帥師侵宋○公會晉侯宋公衞侯曹伯齊世子光莒子邾子滕子薛伯杞伯小邾子伐鄭世子光至復在莒子之先故晉悼亦進之(復)扶又切○秋七月己未同盟于亳城北亳城鄭地伐鄭而書同盟鄭與盟可知(亳)蒲洛切徐扶各切(與)音預○公至自伐鄭無傳○楚子鄭伯伐宋○公會晉侯宋公衞侯曹伯齊世子光莒子邾子滕子薛伯杞伯小邾子伐鄭晉遂尊光○會于蕭魚鄭服而諸侯會蕭魚鄭地○公至自會無傳以會至者觀兵而不果侵伐○楚人執鄭行人良霄良霄公孫輒子伯有也(霄)徐音消○冬秦人伐晉

傳十一年春季武子將作三軍魯本無中軍唯上下二軍皆屬於公有事三卿更帥以征伐季

告叔孫穆子曰請為三軍各征其軍（征賦稅也三家各征其軍之家屬稅舒銳切）穆子曰政將及子子必不能（政者霸國之政令禮大國三軍魯次國而為大國之制貢賦必重故憂不能堪）武子固請之穆子曰然則盟諸（穆子知季氏將復變易故盟之復扶又切）乃盟諸僖閎（僖宮之門閎音宏）詛諸五父之衢（五父衢道名在魯國東南詛以禍福之言相要詛側慮切父音甫衢其俱切要一遙切）正月作三軍三分公室而各有其一（三分國民衆）三子各毀其乘（壞其軍乘分以足成三軍乘繩證切壞音怪[illegible]將住切亦如字）季氏使其乘之人以其役邑入者無征（使軍乘之人率其邑役入季氏者無公征）不入者倍征（不入季氏者則使公家倍征之設利病欲驅使入己故昭五年傳曰季氏盡征之民辟倍征故盡屬季氏）孟氏使半為臣若子若弟（取其子弟之半也四分其乘之人以三歸公而取其一）叔孫氏使盡為臣（盡取子弟以其父兄歸公）不然不舍（制軍分民不如是則三家不舍其故而改作也此蓋三家盟詛之本言也舍音捨幾音機徐音畿）○鄭人患晉楚之故諸大夫曰不從晉國幾亡（幾近）楚弱於晉晉不吾疾也（疾急也）晉疾楚將辟之何為而使晉師致死於我（言當作何計）楚弗敢敵而後可固與也（固與晉也）子展

十三　六

曰與宋為惡諸侯必至吾從之盟楚師至吾又從之則晉怒甚矣晉能驟來楚將不能吾乃固與晉大夫說之使疆埸之司惡於宋（使守疆埸之吏侵犯宋說音悅疆居良切埸音亦）宋向戌侵鄭大獲子展曰師而伐宋可矣若我伐宋諸侯之伐我必疾吾乃聽命焉且告於楚楚師至吾又與之盟而重賂晉師乃免矣（言如此乃免於晉楚之難難乃旦切）夏鄭子展侵宋（欲以致諸侯）四月諸侯伐鄭己亥齊大子光宋向戌先至于鄭門于東門（傳釋齊大子光所以序莒上也向戌不書宋公在會故）其莫晉荀罃至于西郊東侵舊許（許之舊國鄭新邑莫音暮）衛孫林父侵其北鄙六月諸侯會于北林師于向（向地在潁川長社縣東北向舒亮切）右還次于瑣（北行而西為右還滎陽宛陵縣西有瑣候亭瑣素果切宛於阮切又於元切）圍鄭觀兵于南門（觀示也）西濟于濟隧（濟隧水名濟子禮切隧音遂）鄭人懼乃行成秋七月同盟于亳范宣子曰不慎必失諸侯（慎敬威儀謹辭令）諸侯道敝而無成能無貳乎（數伐鄭皆罷於道路數所角切罷音皮）乃盟載書曰凡我同盟毋蘊年（蘊積年穀而不分災毋音無蘊紆粉切）

毋壅利（專山川之利〔壅〕於勇切）毋保姦（藏罪人）毋留慝（速去惡〔慝〕他得切下同〔去〕起宮切）救
災患恤禍亂同好惡獎王室（獎助也〔好〕呼報切〔惡〕烏路切〔獎〕將丈切）或間茲命司
慎司盟名山名川（二司天神〔間〕間廁之間茲命本或作茲盟誤）羣神羣祀（羣祀在祀典者）先
王先公（先王諸侯之大祖宋祖帝乙鄭祖厲王之比也先公始封君〔大〕音泰凡大祖大廟大宮皆同〔比〕必利切）七
姓十二國之祖（十姓晉魯衛鄭曹滕姬姓邾小邾曹姓宋子姓齊姜姓莒己姓杞姒姓薛任姓實十三國言十
二誤也〔己〕音紀或音祀〔任〕音壬）明神殛之（殛誅也〔殛〕紀力切）俾失其民隊命亡氏踣其
國家（踣斃也〔俾〕本又作卑必爾切〔隊〕直類切〔踣〕蒲北切徐又敷豆切〔斃〕婢世切）○楚子囊乞旅于秦
（乞師旅於秦）秦右大夫詹師師從楚子將以伐鄭鄭伯逆之丙子伐
宋（鄭逆服故更伐宋也秦師不書不與伐宋而還〔詹〕之廉切〔與〕音預）○九月諸侯悉師以復伐
鄭（此夏諸侯皆復來故曰悉師〔復〕扶又切）鄭人使良霄大宰石㚟如楚告將服于
晉曰孤以社稷之故不能懷君君若能以玉帛綏晉不然則武
震以攝威之孤之願也楚人執之書曰行人言使人也（書行人言非使
人之罪古者兵交使在其間所以通命示整或執殺之皆以爲譏也既成而後告故書在蕭魚下石㚟爲介故不書〔㚟〕勑略切）

（攝如字又之涉切〔使〕所吏切〔介〕音界）諸侯之師觀兵于鄭東門鄭人使王子伯駢
行成甲戌晉趙武入盟鄭伯冬十月丁亥鄭子展出盟晉侯（二盟
不書不告）十二月戊寅會于蕭魚（經書秋史失之）庚辰赦鄭囚皆禮而歸之
納斥候（不相備也〔斥〕徐音尺又昌夜切）禁侵掠晉侯使叔肸告于諸侯（叔肸叔向也告
諸侯亦使赦鄭囚〔禁〕音亮〔肸〕許乙切〔向〕許丈切）公使臧孫紇對曰凡我同盟小國有罪
大國致討苟有以藉手鮮不赦宥寡君聞命矣（言晉討小國有藉手之功則赦
其罪人德義如是不敢不承命〔藉〕在夜切〔鮮〕息淺切〔宥〕音又）鄭人賂晉侯以師悝師觸師蠲
（悝觸蠲皆樂師名〔悝〕苦回切〔蠲〕古玄切又音圭）廣車軘車淳十五乘甲兵備（廣車軘車皆兵車名
淳耦也〔廣〕古曠切〔軘〕徒溫切〔淳〕述倫切徐又之倫切〔乘〕繩證切）凡兵車百乘（他兵車及廣軘共百乘）歌鍾
二肆（肆列也縣鍾十六爲一肆二肆三十二枚〔肆〕音四〔縣〕音玄）及其鎛磬（鎛磬皆樂器〔鎛〕音博）女樂二
八（十六人）晉侯以樂之半賜魏絳曰子教寡人和諸戎狄以正諸
華（在四年）八年之中九合諸侯如樂之和無所不諧（諧亦和也釋文九合諸侯
謂五年會戚又會城棣救陳七年會鄬八年會邢丘九年盟于戲十年會柤又伐鄭戍虎牢十一年同盟亳城北又會蕭魚）

請與子樂之共此樂樂音洛又音岳辭曰夫和戎狄國之福也八年之中
九合諸侯諸侯無慝君之靈也二三子之勞也臣何力之有焉
抑臣願君安其樂而思其終也詩曰樂只君子殿天子之邦詩小
雅也謂諸侯有樂美之德可以鎮撫天子之邦殿鎮也殿都遍切樂只君子福祿攸同攸所也便
蕃左右亦是帥從便蕃數也言遠人相帥來服從便蕃然在左右蕃音煩數所角切夫樂以安
德和其心也義以處之處位以義禮以行之行教令信以守之守所行仁以厲
之俗厲風俗而後可以殿邦國同福祿來遠人所謂樂也言五德皆備乃為樂
非但金石書曰居安思危逸書思則有備有備無患敢以此規規正公公
曰子之教敢不承命抑微子寡人無以待戎待遇接納不能濟河渡河
南服鄭夫賞國之典也藏在盟府司盟之府有賞功之制不可廢也子其受
之魏絳於是乎始有金石之樂禮也禮大夫有功則賜樂○秦庶長鮑庶長
武帥師伐晉以救鄭庶長秦爵也不書救鄭已屬晉無所救長丁丈切鮑步卯切鮑先入晉
地士魴御之少秦師而弗設備壬午武濟自輔氏從輔氏渡河御魚呂切
左十五
八
放此與鮑交伐晉師己丑秦晉戰于櫟晉師敗績易秦故也不書敗績
晉恥易秦而敗故不告也櫟晉地櫟力的切徐失灼切易以豉切
經十有二年春王二月莒人伐我東鄙圍台琅邪費縣南有台亭台敕才切又音
臺又翼之切○季孫宿帥師救台遂入鄆鄆莒邑鄆音運○夏晉侯使士魴
來聘○秋九月吳子乘卒五年會於戚公不與盟而赴以名與音預○冬楚公子貞
帥師侵宋○公如晉
傳十二年春莒人伐我東鄙圍台季武子救台遂入鄆乘勝入鄆報見
伐取其鐘以為公盤○夏晉士魴來聘且拜師謝前年伐鄭師○秋吳
子壽夢卒壽夢吳子之號臨於周廟禮也周廟文王廟也周公出文王故魯立其廟吳始通故曰禮
臨力蔭切下同凡諸侯之喪異姓臨於外於城外向其國或作嚮許亮切同姓於宗
廟所出王之廟同宗於祖廟始封君之廟同族於禰廟父廟也同族謂高祖以下禰乃禮切
是故魯為諸姬臨於周廟諸姬同姓國為于偽切下同為邢凡蔣茅胙祭臨
於周公之廟即祖廟也六國皆周公之支子別封為國共祖周公邢音刑蔣將丈切案富辰所稱邢在蔣下今傳

在凡上未知何者為是字云交切睤丰故切祭側界切徐如字○冬楚子囊秦庶長無地伐宋
師于揚梁以報晉之取鄭也取鄭在前年梁師睢陽縣東有地名揚梁長丁丈切○靈王
求后于齊齊侯問對於晏桓子桓子對曰先王之禮辭有之天
子求后於諸侯諸侯對曰夫婦所生若而人不敢譽亦不敢毀故曰若如人譽音
餘又如字妾婦之子若而人言非適也適丁歷切無女而有姊妹及姑姊妹則
曰先守某公之遺女若而人齊侯許昏王使陰里結之陰里周大夫結
成也為十五年劉夏逆王后傳守手又切夏戶雅切○公如晉朝且拜士魴之辱禮也士魴
聘在此年夏嫌君臣不敵故曰禮之○秦嬴歸于楚秦景公妹為楚共王夫人嬴音盈楚司馬子
庚聘于秦為夫人寧禮也子庚莊王子午也諸侯夫人父母既沒歸寧使卿故曰禮
經十有三年春公至自晉○夏取邿邿小國也任城亢父縣有邿亭傳例曰書取言易也
邿音詩任音壬亢苦浪切又音剛父音甫易以豉切○秋九月庚辰楚子審卒共王也成二年大夫
盟于蜀○冬城防

傳十三年春公至自晉孟獻子書勞于廟禮也書勳勞於策也桓二年傳曰公
至自唐告於廟也凡公行告於宗廟反行飲至舍爵策勳焉禮也桓十六年傳又曰公至自伐鄭以飲至之禮也然則還告廟
及飲至及書勞三事偏行一禮則亦書至悉闕乃不書至傳因獻子之事以發明凡例釋例詳之舍音捨○夏邿亂
分為三國分為一部志力各異師救邿遂取之魯師也經不稱師不滿二千五百人傳通言之凡
書取言易也不用師徒及用師徒而不勞雖國亦曰取用大師焉曰滅敵人距戰斬獲俘馘用力
難重雖邑亦曰滅馘古獲切弗地曰入謂勝其國邑不有其地○荀罃士魴卒晉侯蒐
于綿上以治兵為將命軍師也必蒐而命之所以與眾共為于偽切帥所類切下為帥同使士匄將
中軍辭曰伯游長伯游荀偃長丁丈切昔臣習於知伯是以佐之非能賢
也七年韓厥老知罃代將中軍士匄佐之匄今將讓故謂爾時之舉不以己賢事見九年見賢遍切請從伯游
荀偃將中軍代荀罃士匄佐之位如故使韓起將上軍辭以趙武又
使欒黶以武位卑故不聽更命黶辭曰臣不如韓起韓起願上趙武君其聽
之使趙武將上軍武自新軍超四等代荀偃韓起佐之位如故欒黶將下軍魏
絳佐之黶亦如故絳自新軍佐超一等代士魴新軍無帥將佐皆遷將子匠切晉侯難其人
使其什吏率其卒乘官屬以從於下軍禮也得慎舉之禮難乃旦切咸如字任音

卒子忽切縋縋證切晉國之民是以大和諸侯遂睦君子曰讓禮之主也范宣子讓其下皆讓欒黶爲汰弗敢違也晉國以平數世賴之刑善也夫刑法也汰音泰數所主切夫音扶一人刑善百姓休和可不務乎書曰一人有慶兆民賴之其寧惟永其是之謂乎周書呂刑也一人天子也寧安也永長也義取上有好善之慶則下賴其福休許虯切好呼報切周之興也其詩曰儀刑文王萬邦作孚詩大雅言文王善用法能爲萬國所信孚信也故言刑善也及其衰也其詩曰大夫不均我從事獨賢詩小雅刺幽王役使不均故從事者怨恨稱己之勞以爲獨賢無讓心言不讓也世之治也君子尚能而讓其下能者在下位則貴尚而讓之尚直吏切小人農力以事其上是以上下有禮而讒慝黜遠由不爭也謂之懿德及其亂也君子稱其功以加小人加陵也君子在位者慝他得切遠于萬切又如字爭爭鬬之爭小人伐其技以馮君子馮亦陵也自稱其能爲伐技其綺切馮皮冰切是以上下無禮亂虐並生由爭善也爭自善也謂之昏德國家之敝恒必由之傳言晉之所以興○楚子疾告大夫曰不穀不德少主社稷生

八　左十五

十年而喪先君未及習師保之教訓而應受多福多福謂爲君少詩照切喪息浪切是以不德而亡師于鄢鄢在成十六年鄢音偃以辱社稷爲大夫憂其弘多矣弘大也若以大夫之靈獲保首領以歿於地唯是春秋窀穸之事窀厚也穸夜也厚夜猶長夜春秋謂祭祀長夜謂葬埋歿音沒窀張倫切又徒門切穸音夕所以從先君於禰廟者從先君代爲禰廟請爲靈若厲欲受惡謚以歸先君也亂而不損曰靈戮殺不辜曰厲大夫擇焉莫對及五命乃許秋楚共王卒子囊謀謚大夫曰君有命矣子囊曰君命以共若之何毀之赫赫楚國而君臨之撫有蠻夷奄征南海以屬諸夏而知其過可不謂共乎請謚之共大夫從之傳言子囊之善共音恭夏戶雅切○吳侵楚養由基奔命子庚以師繼之子庚楚司馬養叔曰吳乘我喪謂我不能師也養叔養由基也必易我而不戒戒備也易以豉切子爲三覆以待我覆伏兵覆扶又切我請誘之子庚從之戰于庸浦庸浦楚地浦判五切大敗吳師獲公子黨君子以吳爲不弔不用天道相弔恤詩曰不弔昊天亂靡有定言不爲昊天所恤則致罪也爲

明年會向傳冥戶老切○冬城防書事時也土功雖有常節通以事閑爲時閒音閑於是將早城臧武仲請俟畢農事禮也○鄭良霄大宰石㚟猶在楚十一年楚人執之至今石㚟言於子囊曰先王卜征五年先征五年而卜吉凶也征謂巡守征行先悉薦切守手又切本又作狩而歲習其祥祥習則行五年五卜皆同吉乃巡守不習則增脩德而改卜不習謂卜不吉釋文不習則增絕句一本無增字則連下總爲句今楚實不競行人何罪不能脩德與晉競止鄭一卿以除其偪一卿謂良霄使睦而疾楚以固於晉焉用之位不偪則大臣睦怨疾楚則事晉固釋文焉用之本或作將焉用之焉於虔切使歸而廢其使行而見執於楚鄭又遂堅事晉是鄭廢本見使之意使所吏切怨其君以疾其大夫而相牽引也不猶愈乎楚人歸之

經十有四年春王正月季孫宿叔老會晉士匄齊人宋人衛人鄭公孫蠆曹人莒人邾人滕人薛人杞人小邾人會吳于向叔老聲伯子也魯使二卿會晉敬事霸國晉自是輕魯幣而益敬其使故叔老雖介亦列於會也齊崔杼宋華閱衛北宮括在會惰慢不攝故貶稱人蓋欲以督率諸侯獎成霸功也吳來在向諸侯會之故曰會吳向鄭地使所吏切介音界惰徒卧切○二月乙未朔日有食之無傳○夏四月叔孫豹會晉荀偃齊人宋人衛北宮括鄭公孫蠆曹人莒人邾人滕人薛人杞人小邾人伐秦齊宋大夫不書義與向同○己未衛侯出奔齊諸侯之策書孫甯逐衛侯春秋以其自取奔亡之禍故諸侯失國者皆不書逐君之賊也不書名從告○莒人侵我東鄙無傳報入鄆○秋楚公子貞帥師伐吳○冬季孫宿會晉士匄宋華閱衛孫林父鄭公孫蠆莒人邾人于戚

傳十四年春吳告敗于晉前年爲楚所敗會于向爲吳謀楚故也謀爲吳伐楚爲于僞切注爲吳卒不爲同范宣子數吳之不德也以退吳人吳伐楚喪故以爲不德數而遣之卒不爲伐楚執莒公子務婁在會不書非卿務徐莫侯切又音如字婁力侯切或力俱切以其通楚使也莒貳於楚故比年伐魯使所吏切將執戎子駒支駒支戎子名范宣子親數諸朝行之所在亦設朝位曰來姜戎氏昔秦人迫逐乃祖吾離于瓜州四嶽之後皆姜姓又別爲允姓瓜州地在今燉煌迫音百瓜古華切燉徒門切煌音皇乃祖吾離被苫蓋蓋苫之別名被普皮切苫式占切蓋戶臘切爾雅曰白蓋謂之苫蒙荊棘以來歸我先君蒙冒也冒

莫報切我先君惠公有不腆之田腆厚也（腆）他典切與女剖分而食之中分
爲剖（女）音汝下同（剖）普口切（中）丁仲切又如字今諸侯之事我寡君不如昔者蓋言語
漏洩則職女之由職主也（洩）息列切徐以世切詰朝之事爾無與焉詰朝明旦不使
復得與會事（詰）起吉切（朝）如字（與）音預下同（復）扶又切與將執女對曰昔秦人負恃其衆
貪于土地逐我諸戎惠公蠲其大德蠲明也謂我諸戎是四嶽之
裔胄也四嶽堯時方伯姜姓也裔遠也胄後也（裔）以制切（胄）直又切毋是翦棄翦削也（毋）音無賜我
南鄙之田狐狸所居豺狼所嗥我諸戎除翦其荊棘驅其狐狸
豺狼以爲先君不侵不叛之臣至于今不貳不內侵亦不外叛（貳）力之切（豺）仕皆
切（嗥）戶羔切昔文公與秦伐鄭秦人竊與鄭盟而舍戍焉在僖三十年於
是乎有殽之師在僖三十三年（殽）戶交切晉禦其上戎亢其下亢猶當也（亢）苦浪切秦
師不復我諸戎實然譬如捕鹿晉人角之諸戎掎之掎其足也（捕）音步徐
又音賦（掎）居綺切與晉踣之踣僵也（踣）蒲北切又敷豆切（僵）居良切戎何以不免自是以
來晉之百役與我諸戎相繼于時言給晉役不曠時以從執政猶殽志

八　左十五　十二　壽

也意常如殽無中二也豈敢離逷今官之師旅無乃實有所闕以攜諸侯而
罪我諸戎我諸戎飲食衣服不與華同贄幣不通言語不達何
惡之能爲不與於會亦無瞢焉瞢悶也（逷）他歷切（贄）音至（與）音預（瞢）莫贈切徐武登切又武忠
切賦青蠅而退青蠅詩小雅取其愷悌君子無信讒言（蠅）以仍切（愷）開在切（悌）徒禮切宣子辭焉
辭謝使即事於會成愷悌也成愷悌不信讒也不書者戎爲晉屬不得特達於是子叔齊
子爲季武子介以會自是晉人輕魯幣而益敬其使齊子叔老字也言晉
敬魯使經所以並書二卿（介）音界（使）所吏切○吳子諸樊既除喪諸樊吳子乘之長子也乘卒至此春
十七月既葬而除喪（長）丁丈切將立季札札諸樊少弟（札）側八切（少）詩照切季札辭曰曹宣公
之卒也諸侯與曹人不義曹君曹君公子負芻也殺太子而自立事在成十三年將立
子臧子臧去之遂弗爲也以成曹君君子曰能守節君義嗣也
諸樊適子故曰義嗣（適）丁歷切誰敢奸君有國非吾節也札雖不才願附於子
臧以無失節固立之棄其室而耕乃舍之傳言季札之讓且明吳兄弟相傳（奸）音干
（傳）直專切○夏諸侯之大夫從晉侯伐秦以報櫟之役也櫟役在十一年晉

侯待于竟使六卿帥諸侯之師以進言晉侯竟音境所以不稱及涇不濟諸侯之師不肯渡也涇水出安定朝那縣至京兆高陸縣入渭朝如字如淳音株那乃多切叔向見叔孫穆子穆子賦匏有苦葉詩邶風也義取於深則厲淺則揭言已志在於必濟匏白交切揭起例切叔向退而具舟魯人莒人先濟鄭子蟜見衛北宮懿子曰與人而不固取惡莫甚焉若社稷何懿子說二子見諸侯之師而勸之濟濟涇而次傳言北宮括所以書於伐秦說音悅秦人毒涇上流師人多死飲毒水故鄭司馬子蟜帥鄭師以進師皆從之至于棫林棫林秦地棫位逼切徐于目切又於勒切不獲成焉秦不服荀偃令曰雞鳴而駕塞井夷竈示不反唯余馬首是瞻言進退從己欒黶曰晉國之命未是有也余馬首欲東乃歸黶惡偃自專故棄之歸惡烏路切下軍從之左史謂魏莊子曰不待中行伯乎中行伯荀偃也莊子魏絳也左史晉大夫莊子曰夫子命從帥夫子謂荀偃帥所類切欒伯吾帥也吾將從之從帥所以待夫子也以從命為待也欒黶下軍帥莊子為佐故曰吾帥伯游曰吾令實過悔之何及多遺秦禽軍帥不和恐多為秦所禽獲遺唯季切乃

左一五　十二

命大還晉人謂之遷延之役遷延卻退欒鍼曰此役也報櫟之敗也役又無功晉之恥也吾有二位於戎路欒鍼欒黶弟也二位謂黶將下軍鍼為戎右敢不恥乎與士鞅馳秦師死焉士鞅反鞅士匄子欒黶謂士匄曰余弟不欲往而子召之余弟死而子來是而子殺余之弟也弗逐余亦將殺之士鞅奔秦欒黶汰侈誣逐士鞅也而女也侈呂氏切或作奓又尺氏切女音汝於是齊崔杼宋華閱仲江會伐秦不書惰也臨事惰慢不脩也仲江宋公孫師之子向之會亦如之衛北宮括不書於向亦惰書於伐秦攝也能自攝整從鄭子蟜俱濟涇○秦伯問於士鞅曰晉大夫其誰先亡對曰其欒氏乎秦伯曰以其汰乎對曰然欒黶汰虐已甚猶可以免其在盈乎盈黶之子秦伯曰何故對曰武子之德在民如周人之思召公焉愛其甘棠況其子乎武子欒書黶之父也召公奭聽訟於甘棠之下周人思之不害其樹而作勿伐之詩在召南召上照切奭詩亦切欒黶死盈之善未能及人武子所施沒矣而黶之怨實章將於是乎在秦伯以為知言為之請於晉而復之為傳二十一年

晉滅欒氏張本施如字又始豉切爲于僞切○衛獻公戒孫文子甯惠子食勑戒二子欲共
宴食皆服而朝服朝服待命於朝日旰不召旰晏也射古旦切而射鴻於囿二子
從之從公於囿就食亦切囿音又不釋皮冠而與之言皮冠田獵之冠也既不釋冠又不與食
二子怒孫文子如戚戚孫文子邑孫蒯入使孫蒯孫文子之子使所吏切又如字公飲
之酒使大師歌巧言之卒章巧言詩小雅其卒章曰彼何人斯居河之麋無拳無勇職爲亂階戚
衛河上邑公欲以喻文子居河上而爲亂大師掌樂大夫歌於鴆切麋亡悲切本又作湄拳音權大師辭師曹
請爲之辭以爲不可師曹樂人初公有嬖妾使師曹誨之琴誨教也嬖必計切師
曹鞭之公怒鞭師曹三百故師曹欲歌之以怒孫子以報公
使歌之遂誦之恐孫蒯不解故解音蟹蒯懼告文子文子曰君忌我矣弗
先必死欲先公作亂先悉薦切并帑於戚帑子也并必政切帑音奴而入見蘧伯玉曰
君之暴虐子所知也大懼社稷之傾覆將若之何伯玉蘧瑗蘧其居切覆芳
服切瑗于眷切對曰君制其國臣敢奸之奸猶犯也雖奸之庸知愈乎言逐君更
立未知當差否愈羊主切差初賣切遂行從近關出懼難作欲速出竟難乃旦切竟音境公使子蟜
子伯子皮與孫子盟于丘宮孫子皆殺之三子衛羣公子疑孫子故盟之丘宮近戚
地蟜居表切近附近之近四月己未子展奔齊子展衛獻公弟公如鄄鄄衛地鄄音絹使子
行於孫子孫子又殺之使往請和也子行羣公子公出奔齊孫氏追之敗公
徒于阿澤齊北東阿縣西南有大澤鄄人執之公徒因敗散還故爲公執之爲于僞切下注爲孫同初
尹公佗學射於庾公差庾公差學射於公孫丁二子追公二子佗與
差爲孫氏逐公佗徒何切差初佳切徐初宜切公孫丁御公爲公御也子魚曰射爲背師不
射爲戮射爲禮乎子魚庾公差禮射不求中射食亦切下及注除禮射一字皆同或一讀射而禮乎音食夜
切背音佩中丁仲切射兩軥而還軥車軶卷者軥其俱切徐古豆切說文同云軶下曲者服云車軶兩邊叉馬頸
者軶於華切卷音權又起權切尹公佗曰子爲師我則遠矣乃反之佗不從丁學故言遠
始與公差俱退悔而獨還射丁爲于僞切公孫丁授公轡而射之貫臂貫佗一臂貫古亂切一音官
子鮮從公子鮮公母弟鮮音仙及竟公使祝宗告亡且告無罪告宗廟也定姜
曰無神何告若有不可誣也誣欺也定姜公適母適丁歷切有罪若何告無舍
大臣而與小臣謀一罪也先君有冢卿以爲師保而蔑之二罪

也（謂不釋皮冠之比舍音捨比必二切）余以巾櫛事先君而暴妾使余三罪也告
亡而已無告無罪（時姜在國故不使得告無罪櫛側乙切）公使厚成叔弔于衛曰
寡君使瘠聞君不撫社稷而越在他竟（越遠也瘠厚成叔名厚本或作郈音同弔于衛）
（本或作弔于衛侯侯衍字也瘠在亦切）若之何不弔以同盟之故使瘠敢私於執
事（執事衛諸大夫）曰有君不弔（弔恤也）有臣不敏（敏達也）君不赦宥臣亦不
帥職增淫發洩其若之何衛人使大叔儀對（大叔儀衛大夫洩息列切大音泰）
曰羣臣不佞得罪於寡君寡君不以即刑而悼棄之以爲君憂
君不忘先君之好辱弔羣臣又重恤之（重恤謂愍其不逮也好呼報切重直用切下同）
敢拜君命之辱重拜大貺（謝重恤之賜）厚孫歸復命語臧武仲曰衛
君其必歸乎有大叔儀以守（守於國語魚據切守手又切）有母弟鱄以出或
撫其內或營其外能無歸乎齊人以郲寄衛侯（郲齊所滅郲國鱄徐市齎切又
音專郲音來）及其復也以郲糧歸（言其貪）右宰穀從而逃歸衛人將殺
之（穀衛大夫也以其從君故欲殺之從才用切又如字）辭曰余不說初矣（言初從君非說之不獲已耳說
音悅）余狐裘而羔袖（言一身盡善唯少有惡喻己雖從君出其罪不多袖本又作褎在又切）乃赦之
衛人立公孫剽（剽穆公孫剽匹妙切一音甫遙切字林父召切）孫林父甯殖相之以聽
命於諸侯（聽盟會之命相息亮切）衛侯在郲臧紇如齊唁衛侯衛侯與之
言虐退而告其人曰衛侯其不得入矣其言糞土也亡而不變
何以復國（武仲不書未爲卿唁魚變切徐作唁音言弔失國曰唁糞方問切）子展子鮮聞之見
臧紇與之言道（道順理）臧孫說謂其人曰衛君必入夫二子者或
輓之或推之欲無入得乎（爲二十六年衛侯歸傳輓音晚推如字又他回切）○師歸自
伐秦晉侯舍新軍禮也成國不過半天子之軍（成國大國舍音捨）周爲
六軍諸侯之大者三軍可也於是知朔生盈而死（朔知罃之長子盈朔弟也）
（盈生而朔死知音智長丁丈切）盈生六年而武子卒彘裘亦幼皆未可立也新
軍無帥故舍之（彘裘士魴子也十三年荀罃士魴卒其子皆幼未任爲卿故新軍無帥遂舍之彘直例切帥所類
切任音壬）○師曠侍於晉侯（師曠晉樂大師子野）晉侯曰衛人出其君不亦甚
乎對曰或者其君實甚良君將賞善而刑淫養民如子蓋之如

天容之如地民奉其君愛之如父母仰之如日月敬之如神明畏之如雷霆其可出乎夫君神之主而民之望也若困民之主匱神乏祀百姓絶望社稷無主將安用之弗去何爲天生民而立之君使司牧之勿使失性有君而爲之貳霆徒丁切又音挺本又作電匱其位切乏祀本或作之祀誤也去起呂切貳卿佐出如字徐音黜卿本亦作仰音仰使師保之勿使過度是故天子有公諸侯有卿卿置側室側室支子之官大夫有貳宗貳宗宗子之副貳者士有朋友庶人工商皁隸牧圉皆有親暱以相輔佐也善則賞之賞謂宣揚暱女乙切過則匡之匡正也患則救之救其難也難乃旦切失則革之革更也自王以下各有父兄子弟以補察其政補其愆過察其得失史爲書謂大史君舉則書瞽爲詩瞽盲者爲詩以風刺瞽音古盲莫庚切風芳鳳切工誦箴諫工樂人也誦箴諫之辭箴之林切大夫規誨規正諫誨其君士傳言士卑不得徑達聞君過失傳告大夫傳直專切注同庶人謗庶人不與政聞君過則誹謗與音預誹如字本或作非音亦同又甫味切商旅于市旅陳也陳其貨物以示時所貴尚百工獻藝獻其技藝以喻政事技其綺切故夏書曰遒人以木鐸徇於路遒人行令之官也木鐸木舌金鈴徇於路求歌謡之言遒在由切徐又在幽切又子由切鐸待洛切徇似俊切鈴力丁切官師相規官師大夫自相規正工執藝事以諫獻藝所謂正月孟春於是乎有之諫失常也有遒人徇路之事天之愛民甚矣豈其使一人肆於民上肆放也以從其淫而棄天地之性必不然矣傳言師曠能因問盡言從子用切本或作縱○秋楚子爲庸浦之役故在前年爲于僞切子囊師于棠以伐吳吳不出而還子囊殿殿軍後殿多練切以吳爲不能而弗儆吳人自皐舟之隘要而擊之皐舟吳險阨之道儆音景隘於懈切要一遥切阨於責切楚人不能相救吳人敗之獲楚公子宜穀傳言不備不可以師○王使劉定公賜齊侯命將昏於齊故也定公劉夏位賤以能而使之傳稱謚舉其終曰昔伯舅太公右我先王股肱周室師保萬民世胙大師以表東海胙報也表顯也謂顯封東海以報大師之功大音泰又胙才故切王室之不壞緊伯舅是賴緊發聲壞如字緊本作繄繄烏兮切今余命女環環齊靈公名女音汝環戶關切兹率舅氏之典纂乃祖考無忝乃舊敬之哉無廢朕命纂繼也因昏而加褒顯傳言王室不能命有功○晉侯問衛故於中行獻子問衛

逐君當討否獻子荀偃對曰不如因而定之衛有君矣謂剽已立伐之未可以得志而勤諸侯史佚有言曰因重而撫之重不可移就撫安之佚音逸仲虺有言曰亡者侮之亂者取之推亡固存國之道也仲虺湯左相虺許鬼切侮亡甫切相息亮切君其定衛以待時乎待其昏亂之時乃伐之冬會于戚謀定衛也剽定立

○范宣子假羽毛於齊而弗歸齊人始貳析羽為旌王者游車之所建齊私有之因謂之羽毛宣子聞而借觀之析星曆切

○楚子囊還自伐吳卒將死遺言謂子庚必城郢楚徙都郢未有城郭公子燮公子儀因築城為亂事未得訖子囊欲訖而未暇故遺言見意見賢遍切君子謂子囊忠君薨不忘增其名謂前年謚君為共將死不忘衛社稷可不謂忠乎忠民之望也詩曰行歸于周萬民所望忠也詩小雅忠信為周言德行歸於忠信即為萬民所瞻望行下孟切

經十有五年春宋公使向戌來聘○二月己亥及向戌盟于劉

○劉夏逆王后于齊劉采地夏名也天子卿書字劉夏非卿故書名天子無外所命則成故不言逆女

○夏齊侯伐我北鄙圍成○公救成至遇無傳遇魯地書至遇公畏齊不敢至成

○季孫宿叔孫豹帥師城成郛備齊故夏城○秋八月丁巳日有食之無傳八月無丁巳丁巳七月一日也日月必有誤○邾人伐我南鄙○冬十有一月癸亥晉侯周卒四同盟

傳十五年春宋向戌來聘且尋盟報二年豹之聘尋十一年亳之盟見孟獻子尤其室尤責過也曰子有令聞而美其室非所望也對曰我在晉吾兄為之毀之重勞且不敢閒傳言獻子友于兄且不隱其實閒音間重直用切間間廁之間

○官師從單靖公逆王后于齊卿不行非禮也官師劉夏也天子官師非卿也劉夏獨過魯告昏故不書單靖公天子不親昏使上卿逆而公監之故曰卿不行非禮過古禾切監古銜切

○楚公子午為令尹代子囊公子罷戎為右尹蔿子馮為大司馬子馮叔敖從子罷音皮又皮買切蔿于委切馮皮冰切從才用切公子橐師為右司馬公子成為左司馬屈到為莫敖屈到屈蕩子橐音託成音城屈居勿切公子追舒為箴尹追舒莊王子子南箴之林切屈蕩為連尹養由基為宮廐尹以靖國人君子謂楚於是乎能官人官人國之急也能官人則民無覦心無覬覦以求幸覦徐音救覦羊

朱切徐音喻(頤)音異詩云嗟我懷人寘彼周行能官人也詩周南也寘置也行列也周徧
也詩人嗟歎言我思得賢人置之徧於列位是后妃之志以官人為急(寘)之豉切(行)戶郎切下同(徧)音遍王及公侯
伯子男甸采衛大夫各居其列所謂周行也言自王以下諸侯大夫各任其職則
是詩人周行之志也甸采衛五服之名也天子所居千里曰圻其外曰侯服次曰甸服次曰男服次曰采服次曰衛服五百里
為一服不言侯男略舉也(任)音壬(圻)音祈○鄭尉氏司氏之亂其餘盜在宋亂在十年鄭
人以子西伯有子產之故納賂于宋三子之父皆為尉氏所殺故以馬四十
乘百六十四(乘)繩證切與師茷師慧樂師也茷慧其名(茷)扶廢切徐音伐三月公孫黑為質
焉公孫黑子晳(質)音致(晳)星歷切司城子罕以堵女父尉翩司齊與之良司臣
而逸之賢而放之(女)音汝託諸季武子武子寘諸卞子罕以司臣託季氏(卞)皮彥切鄭
人醢之三人也三人堵女父尉翩司齊師慧過宋朝將私焉私小便其相曰
朝也相師者(相)息亮切慧曰無人焉相曰朝也何故無人慧曰必無人
焉若猶有人豈其以千乘之相易淫樂之矇必無人焉故也千乘
相謂子產等也言不為子產殺三盜得賂而歸之是重淫樂而輕相國(易)以豉切輕也(矇)音蒙(為)于偽切下為之同子罕
聞之固請而歸之言子罕能改過○夏齊侯圍成貳於晉故也不畏霸主故敢
伐魯於是乎城成郛郛郭也○秋邾人伐我南鄙亦貳於晉故使告于晉
晉將為會以討邾莒十二年十四年莒人伐魯未之討也晉侯有疾乃止冬晉悼
公卒遂不克會為明年會溴梁傳(溴)古歷切○鄭公孫夏如晉奔喪子蟜送
葬夏子西也言諸侯畏晉故卿共葬(共)音恭○宋人或得玉獻諸子罕子罕弗受獻
玉者曰以示玉人玉人能治玉者玉人以為寶也故敢獻之子罕曰我
以不貪為寶爾以玉為寶若以與我皆喪寶也不若人有其寶
稽首而告曰小人懷璧不可以越鄉言以為盜所害(喪)息浪切納此以請死
也請免死子罕寘諸其里使玉人為之攻之攻治也富而後使復其
所賣玉得富○十二月鄭人奪堵狗之妻而歸諸范氏堵狗堵女父之族狗娶於
晉范氏鄭人既誅女父畏狗因范氏而作亂故奪其妻歸范氏先絕之傳言鄭之有謀(堵)音者狗本或作苟(娶)七住切

春秋左氏傳卷第十五

杜氏　盡二十二年

經十有六年春王正月葬晉悼公踰月而葬速也○三月公會晉侯宋
公衛侯鄭伯曹伯莒子邾子薛伯杞伯小邾子于溴梁不書高厚逃歸
故也溴水出河內軹縣東南至溫入河闃古闃切徐公壁切劉之氏切韋昭音枳○戊寅大夫盟諸大夫本
欲盟高厚高厚逃歸故遂自共盟雞澤會重序諸侯今此間無異事即上諸侯大夫可知重直用切○晉人執莒
子邾子以歸邾莒二國數侵魯又無道於其民故稱人以執不以歸京師非禮也數所角切○齊侯伐
我北鄙無傳齊貳晉故○夏公至自會無傳○五月甲子地震無傳○叔老
會鄭伯晉荀偃衛甯殖宋人伐許荀偃主兵當序鄭上方示叔老可以會鄭伯故荀偃在下
○秋齊侯伐我北鄙圍成音郕○大雩無傳書過○冬叔孫豹如晉
傳十六年春葬晉悼公平公即位平公悼公子彪彪彼虯切羊舌肸爲傅肸叔
向也代士渥濁肸許乙切向許丈切張君臣爲中軍司馬張老子代其父祁奚韓襄欒盈
士鞅爲公族大夫祁奚去中軍尉爲公族大夫去職就閒官韓襄無忌子閒音閑虞丘書爲
乘馬御代程鄭乘繩證切改服脩官烝于曲沃既葬改喪服脩官選賢能曲沃晉祖廟烝冬祭
也諸侯五月而葬既葬卒哭作主然後烝嘗於廟今晉踰月葬作主而烝祭傳言晉將有溴梁之會故速葬烝之承切警
守而下會于溴梁順河東行故曰下警居領切守手又切命歸侵田諸侯相侵取之田以
我故執邾宣公莒犁比公犁比莒子號也十二年十四年莒人侵魯前年邾人伐魯晉將爲魯討之且曰通齊楚之使
悼公卒不克會故平公終其事犁徐力私切又力兮切比音毗爲于僞切下文爲夷同
邾莒在齊楚往來道中故并以此責之經書執在大夫盟下既盟而後告使所吏切下同晉侯與諸侯宴于
溫使諸大夫舞曰歌詩必類歌古詩當使各從義類齊高厚之詩不類齊有
二心故荀偃怒且曰諸侯有異志矣使諸大夫盟高厚高厚逃歸
齊爲大國高厚若此知小國必當有從者於是叔孫豹晉荀偃宋向戌衛甯殖鄭公
孫蠆小邾之大夫盟曰同討不庭自曹以下大夫不書故傳舉小邾以包之向舒亮切戌音
恤蠆勑邁切○許男請遷于晉許欲叛楚諸侯遂遷許許大夫不可晉人
歸諸侯唯以其師討許之不肯遷鄭子蟜聞將伐許遂相鄭伯以從諸侯之
師鄭與許有宿怨故其君親行蟜居表切相息亮切穆叔從公從公歸從才用切又如字齊子帥師

會晉荀偃書曰會鄭伯爲夷故也（夷邛也春秋於魯事所記不與外事同者客主之言所以爲文周當異也魯卿每會公侯春秋無譏故於此示例不先書主兵之荀偃而書後至之鄭伯時皆諸侯大夫義取皆平得會）

夏六月次于棫林庚寅伐許次于函氏（棫林函氏皆許地棫爲逼切徐于目切函）

晉荀偃欒黶帥師伐楚以報宋揚梁之役（晉師獨進楊梁役在十二年黶於斬切）

楚公子格帥師及晉師戰于湛阪（襄城昆陽縣北有湛水東入汝格古百切湛市林切徐又丈林切又直斬切阪音反徐又扶板切）

楚師敗績晉師遂侵方城之外（不書不告）復伐許而還（還許未遷故復扶又切）

○秋齊侯圍成（成魯孟氏邑貳晉故伐魯）孟孺子速徼之（孟獻子之子莊子速也徼要也孺本又作獳如住切速本亦作遬音同徼古堯切要一遥切）

齊侯曰是好勇去之以爲之名速遂塞海陘而還（海陘魯隘道好呼報切陘音刑徐古定切隘於懈切）

○冬穆叔如晉聘且言齊故（言齊再伐魯）

晉人曰以寡人之未禘祀（禘祀三年喪畢之吉祭禘大計切）與民之未息（新伐許及楚）

不然不敢忘穆叔曰以齊人之朝夕釋憾於敝邑之地是以大請敝邑之急朝不及夕引領西望曰庶幾乎（庶幾晉來救朝夕如字憾本又作感户暗切）

比執事之間恐無及也見中行獻子賦圻父（圻父詩小雅周司馬掌封畿之兵甲故謂之圻父詩人責圻父爲王爪牙不脩其職使百姓受困苦之憂而無所止居比必利切間音閑行户郎切圻其依切父音甫）

獻子曰偃知罪矣敢不從執事以同恤社稷而使魯及此（及此憂）

見范宣子賦鴻鴈之卒章（鴻鴈詩小雅卒章曰鴻鴈于飛哀鳴嗸嗸唯此哲人謂我劬勞言魯憂困嗸嗸然若鴻鴈之失所大曰鴻小曰鴈嗸五刀切劬求于切）

宣子曰匄在此敢使魯無鳩乎（鳩集也匄古害切鳩居牛切）

經十有七年春王二月庚午邾子牼卒（無傳宣公也四同盟牼苦耕切徐户耕切）

○宋人伐陳

○夏衛石買帥師伐曹（買石稷子）

○秋齊侯伐我北鄙圍桃高厚帥師伐我北鄙圍防（卞縣東南有桃虛虛起居切）

○九月大雩（無傳書過）

○宋華臣出奔陳（暴亂宗室懼而出奔實以冬出書秋者以始作亂時來告華户化切）

○冬邾人伐我南鄙

傳十七年春宋莊朝伐陳獲司徒卬卑宋也（司徒卬陳大夫卑宋不設備朝如字凡人名字皆放此卬五郎切）

○衛孫蒯田于曹隧（越竟而獵孫蒯林父之子蒯苦怪切隧音遂竟音境）

飲馬于重丘（重丘曹邑飲於鴆切重直龍切）毀其瓶重丘人閉門而訽之（訽罵也訽）

呼豆切罵馬嫁切曰親逐而君爾父爲厲厲惡鬼林父逐君在十四年是之不憂而

何以田爲夏衛石買孫蒯伐曹取重丘孫蒯不書非卿曹人愬于晉爲明

年晉人執石買傳愬悉路切○齊人以其未得志于我故前年圍成辟孟孺子秋齊侯

伐我北鄙圍桃高厚圍臧紇于防防臧紇邑紇恨發切師自陽關逆臧孫

至于旅松陽關在泰山鉅平縣東旅松近防地也魯師畏齊不敢至防近附近之近下居近同郰叔紇臧

疇臧賈帥甲三百宵犯齊師送之而復郰叔紇叔梁紇臧疇臧賈臧紇之昆弟也三子

與臧紇共在防故夜送臧紇於旅松而復還守防郰側留切復扶又切又音服齊師去之失臧紇故齊人

獲臧堅臧堅臧紇之族齊侯使夙沙衛唁之且曰無死使無自殺唁音彦堅稽

首曰拜命之辱抑君賜不終姑又使其刑臣禮於士以杙抉其

傷而死言使賤人來言己是惠賜不終也夙沙衛奄人故謂之刑臣杙羊職切抉烏穴切徐又古穴切傷如字一本作

瘍音羊○冬邾人伐我南鄙爲齊故也齊未得志於魯故邾助之爲于僞切○宋華

閱卒華臣弱皋比之室臣閱之弟皋比閱之子弱侵易之比音毗易以豉切使賊殺其宰

華吳賊六人以鈹殺諸盧門合左師之後盧門宋城門合向戌邑後屋後鈹普皮切

右十六　三二

左師懼曰老夫無罪賊曰皋比私有討於吳遂幽其妻幽吳妻也曰

畀余而大璧畀與也畀必利切宋公聞之曰臣也不唯其宗室是暴大

亂宋國之政必逐之左師曰臣也亦卿也大臣不順國之恥也

不如蓋之乃舍之左師爲己短策苟過華臣之門必騁惡之騁勑領切

惡烏路切十一月甲午國人逐瘈狗瘈狗入於華臣氏國人從之華

臣懼遂奔陳華臣心不自安見逐狗而驚走瘈徐居世切一音制字林作狾九世切云狂犬也○宋皇

國父爲大宰爲平公築臺妨於農收周十一月今九月收斂時大音泰後放此爲于僞切

妨音芳收如字又手又切子罕請俟農功之畢公弗許築者謳曰澤門之皙

實興我役澤門宋東城南門也皇國父白皙而居近澤門謳烏侯切澤門本或作皋門者誤皙星歷切徐思益切

邑中之黔實慰我心子罕黑色而居邑中黔徐音琴一音其廉切子罕聞之親執扑扑杖

扑普卜切以行築者而抶其不勉者曰吾儕小人皆有闔廬以辟燥

溼寒暑闔謂門戶閉塞行下孟切抶恥乙切儕仕皆切闔戶臘切廬力居切今君爲一臺而不速

成何以爲役役事也謳者乃止或問其故子罕曰宋國區區而有

詛有祝禍之本也傳善子罕分謗區丘于切小貌詛莊慮切祝之又切謗補浪切○齊晏桓子
卒晏嬰父也晏嬰麤縗斬斬不緝之也縗在胷前麤三升布麤本又作麄縗本又作衰七雷切注同緝七入切
苴絰帶杖菅屨苴麻之有子者取其麤也杖竹杖菅屨草屨七徐切絰直結切以苴麻為絰及帶杖禮記云苴
杖竹也菅古顏切屨九具切食鬻居倚廬寢苫枕草此禮與士喪禮略同其異唯枕草耳然枕凷亦
非喪服正文鬻之六切又羊六切謂朝一溢米暮一溢米倚於綺切廬倚東墉而為之故曰倚廬苫傷廉切編草也枕之鴆切
注同王儉云夏枕凷冬枕草凷音苦對切一音苦怪切其老曰非大夫之禮也時之所行士及大夫
縗服各有不同晏子為大夫而行士禮其家臣不解故譏之解音蟹曰唯卿為大夫晏子惡直已以斥時失禮
故孫辭略荅家老
經十有八年春白狄來不言朝不能行朝禮○夏晉人執衛行人石買石買
即是伐曹者宜即懲治本罪而晉因其為行人之使執之故書行人以罪晉使所吏切○秋齊師伐我北
鄙不書齊侯齊侯不入竟竟音境○冬十月公會晉侯宋公衛侯鄭伯曹伯莒
子邾子滕子薛伯杞伯小邾子同圍齊齊數行不義諸侯同心俱圍之數所角切○
曹伯負芻卒于師無傳禮當與許男同三同盟芻初俱切○楚公子午帥師伐鄭

左十八　四

傳十八年春白狄始來白狄狄之別名未嘗與魯接故曰始○夏晉人執衛行人
石買于長子執孫蒯于純留長子純留二縣今皆屬上黨郡孫蒯不書父在位蒯非卿長丁丈切
或如字純徒温切或如字地理志作屯為曹故也前年衛伐曹為于偽切○秋齊侯伐我北
鄙中行獻子將伐齊夢與厲公訟弗勝厲公獻子所弒者弒申志切公以戈
擊之首隊於前跪而戴之奉之以走見梗陽之巫皋梗陽晉邑在太原晉
陽縣南皋巫名也夢并見之隊直位切跪其委切奉芳勇切梗古杏切皋古刀切他日見諸道與之言
同巫亦夢見獻子與厲公訟巫曰今茲主必死若有事於東方則可以逞巫知
獻子有死徵故勸使快意伐齊獻子許諾晉侯伐齊將濟河獻子以朱絲係玉
二瑴雙玉曰瑴瑴古學切而禱曰齊環怙恃其險負其衆庶環齊靈公名負依也禱丁
老切又丁報切怙音戶棄好背盟陵虐神主神主民也謂數伐魯殘民人好呼報切背音佩數所角切
曾臣彪將率諸侯以討焉彪晉平公名稱臣者明上有天子以謙告神曾臣猶末臣其官臣
偃實先後之守官之臣偃獻子名先悉薦切後戶豆切守手又切又如字苟捷有功無作神
羞羞恥也官臣偃無敢復濟偃信巫言故以死自誓復扶又切下注復欲同唯爾有神裁

之沈玉而濟冬十月會于魯濟尋湨梁之言同伐齊（湨梁在十六年盟曰同討不庭沈音鴆武如字濟子禮切）齊侯禦諸平陰塹防門而守之廣里（平陰城在濟北盧縣東北其城南有防防有門於門外作塹橫行廣一里故經書圍禦魚呂切塹七豔切廣古曠切）夙沙衛曰不能戰莫如守險（謂防門不足為險）弗聽諸侯之士門焉齊人多死范宣子告析文子（析文子齊大夫子家析星歷切）曰吾知子敢匿情乎魯人莒人皆請以車千乘自其鄉入既許之矣若入君必失國子盍圖之子家以告公公恐晏嬰聞之曰君固無勇而又聞是弗能久矣（不能久敵晉匿女力切乘繩證切盍戶臘切恐曲勇切）齊侯登巫山以望晉師（巫山在盧縣東北）晉人使司馬斥山澤之險雖所不至必旆而疏陳之（斥候也疏建旗以為陳示眾也斥音尺又昌夜切旆步蓋切陳直覲切）使乘車者左實右偽以旆先（偽以衣服為人形也建旆以先驅）輿曳柴而從之（以揚塵）齊侯見之畏其眾也乃脫歸（脫不張旗幟脫勑活切又他外切幟申志切又赤志切）丙寅晦齊師夜遁師曠告晉侯曰鳥烏之聲樂齊師其遁（鳥烏得空營故樂也遁徒困切樂音洛）邢伯告中行伯（邢伯晉大夫邢侯也中行伯獻子）曰有班馬之聲（夜遁馬不相見故鳴班別也別彼列切）齊師其遁叔向告晉侯曰城上有烏齊師其遁十一月丁卯朔入平陰遂從齊師夙沙衛連大車以塞隧而殿（此衛所欲守險連大並如字隧音遂道也殿都練切）殖綽郭最曰子殿國師齊之辱也（奄人殿師故以為辱最子會切）子姑先乎乃代之殿衛殺馬於隘以塞道（恨二子故塞其道欲使晉得之隘於懈切）晉州綽及之射殖綽中肩兩矢夾脰（脰頸也射食亦切下同中丁仲切夾古洽切或古協切脰音豆）曰止將為三軍獲不止將取其衷（不止復欲射兩矢中央衷音忠）顧曰為私誓州綽曰有如日（言必不殺女明如日女音汝）乃弛弓而自後縛之（反縛之弛式氏切本又作施音同）其右具丙（州綽之右）亦舍兵而縛郭最皆衿甲面縛（衿甲不解甲舍音捨衿其鴆切）坐于中軍之鼓下晉人欲逐歸者魯衛請攻險（險固城守者守手又切）己卯荀偃士匄以中軍克京茲（在平陰城東南）乙酉魏絳欒盈以下軍克邿（欒黶死其子盈佐下軍平陰西有邿山邿音詩）趙武韓起以上軍圍盧弗克十二月戊戌及秦周伐雍門之萩（秦周魯大夫趙武及之共伐萩也雍門齊城門雍於用切萩音秋本又作秋）范

鞅門于雍門其御追喜以戈殺犬于門中（殺犬示間暇【間】音閑）孟莊子斬其櫄以爲公琴（莊子孺子速也櫄木名【櫄】勑倫切又相倫切）己亥焚雍門及西郭南郭劉難士弱率諸侯之師焚申池之竹木（二子晉大夫【難】乃多切又如字）壬寅焚東郭北郭范鞅門于揚門（齊西門）州綽門于東閭（齊東門）左驂迫還于門中以枚數闔（枚馬檛也闔門扇也數其板示不恐【驂】七南切【迫】音百【還】音旋又音患【枚】每回切【數】所主切【闔】戶臘切【檛】陟瓜切【恐】曲勇切）齊侯駕將走郵棠（郵棠齊邑【郵】音尤）大子與郭榮扣馬（大子光也榮齊大夫【扣】音口）曰師速而疾略也（言欲略行其地無攻意【行】下孟切）將退矣君何懼焉且社稷之主不可以輕輕則失眾君必待之將犯之大子抽劍斷鞅乃止甲辰東侵及濰南及沂（濰水在東莞東北至北海都昌縣入海沂水出東莞蓋縣至下邳入泗【輕】遣政切下同【斷】音短【濰】本又作維音同【沂】魚依切【莞】音官【蓋】古害切【邳】蒲悲切【泗】音四）

○鄭子孔欲去諸大夫（欲專權【去】起呂切下同）將叛晉而起楚師以去之使告子庚子庚弗許（子庚楚令尹公子午）楚子聞之使楊豚尹宜告子庚曰國人謂不穀主社稷而不出師死不從禮（不能承先君之業死將不得從

先君之禮【豚】徒門切）不穀即位於今五年師徒不出人其以不穀爲自逸而忘先君之業矣（謂已未嘗綂師自出）大夫圖之其若之何子庚歎曰君王其謂午懷安乎吾以利社稷也見使者稽首而對曰諸侯方睦於晉臣請嘗之（嘗試其難易也【使】所吏切【易】以豉切）若可君而繼之不可收師而退可以無害君亦無辱子庚帥師治兵於汾（襄城縣東北有汾丘城【汾】扶云切）於是子蟜伯有子張從鄭伯伐齊（子張公孫黑肱）子孔子展子西守（二子子展子西【守】手又切下完守同）完守入保（完城郭內保守）子孔不敢會楚師楚師伐鄭次於魚陵（魚陵魚齒山也在南陽犨縣北鄭地【犨】尺由切）右師城上棘遂涉潁次于旃然（將涉潁故於水邊權築小城以爲進退之備旃然水出滎陽城皋縣東入汴【旃】章延切【汴】皮彥切）蔿子馮公子格率銳師侵費滑胥靡獻于雍梁（胥靡獻于雍梁皆鄭邑河南陽翟縣東北有雍氏城【蔿】本又作薳于委切【馮】皮冰切【費】扶味切【滑】于八切【雍】於用切）右回梅山（在滎陽密縣東北【回】如字徐胡猥切）侵鄭東北至于蟲牢而反子庚門于純門信于城下而還（信再宿也【牢】力刀切【純】如字又市荀切）涉於魚齒之下（魚齒山之下有滍水故言

步遂音雖甚雨及之楚師多凍役徒幾盡晉人聞有楚師師曠曰不
害吾驟歌北風又歌南風南風不競歌者吹律以詠八風南風音微故曰不競也師曠唯
歌南北風者聽晉楚之強弱凍丁弄切幾音析驟仕救切多死聲楚必無功董叔曰天道多
在西北歲在豕韋月又建亥故曰多在西北南師不時必無功不時謂觸歲月叔向曰在
其君之德也言天時地利不如人和
經十有九年春王正月諸侯盟于祝柯前年圍齊之諸侯也祝柯縣今屬濟南郡柯古
多切○晉人執邾子稱人以執惡及民也○公至自伐齊傳無○取邾田自漷
水取邾田以漷水為界也漷水出東海合鄉縣西南經魯國至高平湖陸縣入泗漷好虢切徐音郭又虎伯切字林口郭口
獲二切○季孫宿如晉○葬曹成公傳無○夏衛孫林父帥師伐齊
○秋七月辛卯齊侯環卒世子光三與魯同盟○晉士匄帥師侵齊至穀
聞齊侯卒乃還詳録所至及還者善得禮○八月丙辰仲孫蔑卒傳無○齊殺
其大夫高厚○鄭殺其大夫公子嘉○冬葬齊靈公傳無○城西
郛魯西郭郛芳夫切○叔孫豹會晉士匄于柯魏郡內黃縣東北有柯城○城武城
泰山南武城縣

傳十九年春諸侯還自沂上盟于督揚曰大毋侵小督揚即祝柯也督丁
毒切毋音無執邾悼公以其伐我故伐魯在十七年遂次于泗上疆我田正邾
魯之界也泗水名疆居良切取邾田自漷水歸之于我邾田在漷水止今更以漷為界故曰取邾
田晉侯先歸公享晉六卿于蒲圃六卿過魯圃布古切過古禾切賜之三命之
服軍尉司馬司空輿尉候奄皆受一命之服如軍職還之賜唯無先輅奄音安
賄荀偃束錦加璧乘馬先吳壽夢之鼎荀偃中軍元帥故特賄之五匹為束四馬為乘
壽夢吳子乘也獻鼎於魯因以為名古之獻物必有以先今以璧馬為鼎之先賄呼罪切乘繩證切先悉薦切又如字夢莫公
切帥所類切荀偃癉疽生瘍於頭癉疽惡創癉丁但切徐音且疽七徐切瘍音羊創初良切濟河
及著雍病目出大夫先歸者皆反士匄請見弗內請後曰鄭甥
可士匄中軍佐故問後也鄭甥荀吳其母鄭女著張慮切又直慮切雍於用切見賢遍切二月甲寅卒而
視不可含目開口噤視如字徐市至切含戶暗切下同噤其蔭切宣子盥而撫之曰事吳
敢不如事主猶視大夫稱主盥音管欒懷子曰其為未卒事於齊故也

乎懷子欒盈爲于偽切下注爲懷同乃復撫之曰主苟終所不嗣事于齊者有如河乃瞑受含嗣續也復扶又切瞑亡丁切一音士平切桓譚以爲荀偃病而目出初死其目未合尸令乃合非其有所知也傳因其異而記之耳宣子出曰吾淺之爲丈夫也自恨以私待人晉欒魴帥師從衞孫文子伐齊爲懷子之言故也欒魴欒氏族不書兵并林父不別告也經書夏從告用如字又必政切○季武子如晉拜師謝討齊晉侯享之范宣子爲政代荀偃將中軍將子匠切後放此賦黍苗黍苗詩小雅美召伯勞來諸侯如陰雨之長黍苗也喻晉君憂勞魯國猶召伯召上照切下同勞力報切來力代切長丁丈切季武子興再拜稽首曰小國之仰大國也如百穀之仰膏雨焉若常膏之其天下輯睦豈唯敝邑賦六月六月尹吉甫佐天子征伐之詩以晉侯比吉甫出征以匡王國仰如字徐五亮切下同常膏古報切又如字輯音集本又作集○季武子以所得於齊之兵作林鍾而銘魯功焉林鍾律名鑄鍾聲應林鍾因以爲名鑄之樹切應應對之應臧武仲謂季孫曰非禮也夫銘天子令德天子銘德不銘功諸侯言時計功舉得時動有功則可銘也大夫稱伐銘其功伐之勞今稱伐則下等也從大夫故計功則借人也借晉力也借如字又情亦切言時則妨民多矣何以爲銘且夫大伐小取其所得以作彝器彝常也謂鍾鼎爲宗廟之常器夫音扶彝以之切以銘其功烈以示子孫昭明德而懲無禮也今將借人之力以救其死若之何銘之小國幸於大國以勝大國爲幸懲直升切而昭所獲焉以怒之亡之道也爲城西鄆武城傳○齊侯娶于魯曰顏懿姬無子其姪鬷聲姬生光以爲大子兄子曰姪顏鬷皆二姬母姓因以爲號懿聲皆謚娶七住切姪直結切鬷子公切諸子仲子戎子戎子嬖諸子諸妾姓子者二子皆宋女仲本亦作中音仲下皆放此嬖必計切仲子生牙屬諸戎子屬託之屬之蜀切戎子請以爲大子許之齊侯許之仲子曰不可廢常不祥廢立嫡之常嫡本或作適丁歷切間諸侯難事難成也間間廁之間光之立也列於諸侯矣列諸侯之會今無故而廢之是專黜諸侯謂光已有諸侯之尊而以難犯不祥也君必悔之公曰在我而已遂東大子光廢而徙之東鄙使高厚傅牙以爲大子夙沙衞爲少傅齊侯疾崔杼微逆光疾病而立之光殺戎子絲言之少詩照切下注公猶少同杼直呂切尸諸朝非禮也婦人無刑無黥刖之刑黥其京切刖音月又五刮切雖有刑不在朝

市謂犯死刑者猶不暴尸(暴)蒲卜切夏五月壬辰晦齊靈公卒經書七月辛卯光定位而後赴
莊公即位大子光也執公子牙於句瀆之丘以夙沙衛易己衛奔高
唐以叛光謂衛敎公易已高唐在祝阿縣西北(句)古侯切(瀆)音豆○晉士匄侵齊及穀聞喪
而還禮也禮之常不必待君命○於四月丁未於此年四月鄭公孫蠆卒赴於
晉大夫范宣子言於晉侯以其善於伐秦也十四年晉伐秦子蟜見諸侯師而勸
之濟涇六月晉侯請於王王追賜之大路使以行禮也大路天子所賜車之
摠名以行葬禮傳言大夫有功則賜服路○秋八月齊崔杼殺高厚於灑藍而兼其
室灑藍齊地(灑)色買切徐所綺切(藍)力甘切書曰齊殺其大夫從君於昏也傳解經不言崔
杼殺而為國討文○鄭子孔之為政也專專權國人患之乃討西宮之難
十年尉止等作難西宮子孔知而不言(難)乃旦切下同與純門之師前年子孔召楚師至純門子孔當
罪以其甲及子革子良氏之甲守以自守也(守)手又切下守備同甲辰子展子
西率國人伐之殺子孔而分其室書曰鄭殺其大夫專也亦以國討
為文子然子孔宋子之子也子然子革父士子孔圭嬀之子也宋子圭嬀皆鄭
穆公妾士子孔子良父(嬀)居危切圭嬀之班亞宋子而相親也亞次也(亞)於嫁切二子
孔亦相親也僖之四年子然卒鄭僖四年魯襄六年簡之元年士子孔卒
魯襄八年司徒孔實相子革子良之室司徒孔與二父相親故相助其子(相)息亮切三室
如一言同心故及於難故二子并及難子革子良出奔楚子革為右尹子革
即鄭丹鄭人使子展當國子西聽政立子產為卿簡公猶幼故大夫當國○
齊慶封圍高唐弗克夙沙衛以叛故圍之冬十一月齊侯圍之見衛在城
上號之乃下衛下與齊侯語(號)徐胡報切召也又戶刀切問守備焉以無備告揖之
乃登齊侯以衛告誠揖而禮之欲生之也衛志於戰死故不順齊侯之揖而還登城聞師將傳食高唐
人殖綽工僂會夜縋納師因其會食二子齊大夫(傳)音附(食)音嗣(僂)力侯切(縋)直偽切醢衛
于軍(醢)音海○城西郛懼齊也前年與晉伐齊又鑄其器為鐘故懼○齊及晉平盟
于大隧大隧地闕(隧)音遂故穆叔會范宣子于柯齊晉平魯懼齊故為柯會以自固穆
叔見叔向賦載馳之四章四章曰控于大邦誰因誰極控引也取其欲引大國以自救助(控)苦貢切
叔向曰肸敢不承命叔向度齊未肯以盟服故許救魯(度)待洛切穆叔歸曰齊猶未

也不可以不懼乃城武城○衛石共子卒（石買音恭〔共〕）悼子不哀（買之
子石惡）孔成子曰是謂蹷其本（蹷猶拔也〔蹷〕其月切又居月切又居衛切）必不有其宗
（爲二十八年石惡出奔傳）

經二十年春王正月辛亥仲孫速會莒人盟于向（向莒邑〔向〕舒亮切）○
夏六月庚申公會晉侯齊侯宋公衛侯鄭伯曹伯莒子邾子滕
子薛伯杞伯小邾子盟于澶淵（澶淵在頓丘縣南今名繁汙此衛地又近戚田〔澶〕市然切〔汙〕音
紆〔近〕附近之近）○秋公至自會（無傳）○仲孫速帥師伐邾○蔡殺其大夫
公子燮（莊公子〔燮〕息協切）○蔡公子履出奔楚（燮母弟也）○陳侯之弟黃出
奔楚（稱弟明無罪也）○叔老如齊○冬十月丙辰朔日有食之（無傳）○季
孫宿如宋

傳二十年春及莒平孟莊子會莒人盟于向督揚之盟故也（莒數
伐魯前年諸侯盟督揚以和解之故二國自復共盟結其好〔數〕所角切下同〔解〕古買切又戶買切〔復〕扶又切下始復同〔好〕呼報
切下同）○夏盟于澶淵齊成故也（齊與晉平）○邾人驟至以諸侯之事

弗能報也（驟數也謂十五年十七年伐魯）秋孟莊子伐邾以報之（既盟而又伐之非）○
蔡公子燮欲以蔡之晉（背楚〔背〕音佩）蔡人殺之公子履其母弟也故
出奔楚（與兄同謀故）○陳慶虎慶寅畏公子黃之偪（二慶陳卿恐黃偪奪其政〔偪〕彼
力切）愬諸楚曰與蔡司馬同謀（同欲之晉）楚人以爲討（討責陳）公子黃出
奔楚（奔楚自理）初蔡文侯欲事晉曰先君與於踐土之盟（先君文侯父莊侯甲
午也踐土盟在僖二十八年〔與〕音預）晉不可棄且兄弟也畏楚不能行而卒（宣十七年
文侯卒）楚人使蔡無常（徵發無準）公子燮求從先君以利蔡不能而死
書曰蔡殺其大夫公子燮言不與民同欲也（罪其違衆）陳侯之弟黃
出奔楚言非其罪也（稱弟罪陳侯及二慶）公子黃將出奔呼於國曰慶氏
無道求專陳國暴蔑其君而去其親五年不滅是無天也（爲二十三
年陳殺二慶傳〔呼〕好故切〔去〕起呂切）○齊子初聘于齊禮也（齊魯有怨朝聘禮絕今始復通故曰初繼
好息民故曰禮）○冬季武子如宋報向戌之聘也（向戌聘在十五年）褚師段逆
之以受享（段共公子子石也逆以入國受享禮〔褚〕張呂切〔段〕徐亂切〔共〕音恭）賦常棣之七章以

卒武子賦也七章以卒盡入章取其妻子好合如鼓瑟琴宜爾室家樂爾妻帑言二國好合宜其室家相親如兄弟(棣)大計
切(樂)音洛(帑)音奴宋人重賄之歸復命公享之賦魚麗之卒章魚麗詩小雅卒
章曰物其有矣維其時矣喻聘宋得其時(麗)力馳切公賦南山有臺南山有臺詩小雅取其樂只君子邦家之
基邦家之光喻武子奉使能為國光暉(只)之氏切本亦作旨(使)所吏切武子去所曰臣不堪也去所
辟席○衛甯惠子疾召悼子悼子甯喜曰吾得罪於君悔而無及也名
藏在諸侯之策曰孫林父甯殖出其君君入則掩之掩惡名(策)初革切(出)
如字徐音黜若能掩之則吾子也若不能猶有鬼神吾有餒而已不
來食矣餒餓也奴罪切(餒)悼子許諾惠子遂卒為二十六年衛侯歸傳
經二十有一年春王正月公如晉○邾庶其以漆閭丘來奔二邑
在高平南平陽縣東北有漆鄉西北有顯閭亭以邑出為叛適魯而言來奔內外之辭(漆)本或作溂徐音七(閭)力於切○
夏公至自晉無傳○秋晉欒盈出奔楚盈不能防閑其母以取奔亡稱名罪之○九
月庚戌朔日有食之無傳○冬十月庚辰朔日有食之無傳○曹伯
來朝○公會晉侯齊侯宋公衛侯鄭伯曹伯莒子邾子于商任

商任地闕(任)音壬
傳二十一年春公如晉拜師及取邾田也謝十八年伐齊之師漷水之田○邾
庶其以漆閭丘來奔庶其邾大夫季武子以公姑姊妻之計公年不得有未嫁
姑姊蓋寡者二人釋文公姑姊杜以公之姑及姊是二人也或曰列女傳稱梁有節姑姊謂父之妹也此云姑姊是父之姊也
一人耳以杜氏為誤案成二年楚侵及陽橋孟孫往賂以公衡為質杜云衡成公子也楚師及宋公衡逃歸臧宣叔云衡父不
忍數年之不宴以棄魯國則公衡之年下計猶十七八成公是其父固當三十有餘從成二年至此三十八歲姑又成公之姊
則年近七十矣假令公衡非成公之子猶是成公之弟成九年伯姬歸于宋伯者長稱九年始嫁則為成公之妹成公不得有
姊矣若成公別有庶長之姊以成公衡之年推之亦不復堪嫁故知二人也唯公羊以成公即位年幼據左氏成四年傳云
公如晉晉侯見公不敬公歸欲求成于楚得季文子諫而止此非年幼也反覆推之杜氏不誤(妻)七計切及下同
於其從者於是魯多盜季孫謂臧武仲曰子盍詰盜詰治也(從)才用切下
同(盍)胡臘切下盍反同(詰)起吉切武仲曰不可詰也紇又不能季孫曰我有四
封而詰其盜何故不可子為司寇將盜是務去若之何不能武
仲曰子召外盜而大禮焉何以止吾盜吾謂國中(去)起呂切下皆同子為正

卿而來外盜使紇去之將何以能庶其竊邑於邾以來子以姬氏妻之而與之邑使食閭丘其從者皆有賜焉若大盜禮焉以君之姑姊與其大邑其次皁牧輿馬給其賤役從皁至牧八等之人皁在早切凡八等之人謂皁輿隸僚僕臺圉牧也其小者衣裳劍帶是賞盜也賞而去之其或難焉紇也聞之在上位者洒濯其心壹以待人軌度其信可明徵也徵驗也洒西禮切濯直角切度待洛切徵直升切而後可以治人夫上之所爲民之歸也上所不爲而民或爲之是以加刑罰焉而莫敢不懲若上之所爲而民亦爲之乃其所也又可禁乎夏書曰念茲在茲逸書也茲此也謂行此事當念使可施之於此釋茲在茲釋除也謂欲有所治除於人亦當顧己得無亦有之名言茲在茲名此事言此事亦皆當令可施於此令力呈切允出茲在茲允信也信出於此則善亦在此惟帝念功言帝念功則功成也將謂由己壹也信由己壹而後功可念也言非但意念而已當須信己誠至庶其非卿也以地來雖賤必書重地也重地故書其人其人書則惡名彰以懲不義○齊侯使慶佐爲大夫慶佐崔杼黨復討公子牙之黨執

公子買于句瀆之丘公子鉏來奔叔孫還奔燕三子齊公族言莊公弃逐親戚以成崔慶之勢終有弑殺之禍復扶又切鉏仕居切還音旋殺申志切又音如字○夏楚子庚卒楚子使薳子馮爲令尹訪於申叔豫叔豫叔時孫叔豫曰國多寵而王弱弱政敎微而貴臣彊國不可爲也遂以疾辭方暑闕地下冰而牀焉重繭衣裘鮮食而寢繭緜衣闕求月切繭古典切禮記云纊爲繭衣於既切鮮息淺切少也楚子使醫視之復曰瘠則甚矣瘠瘦也瘠在亦切瘦所又切而血氣未動言無疾乃使子南爲令尹子南公子追舒也爲二十二年殺追舒傳○欒桓子娶於范宣子生懷子桓子欒黶懷子盈也范鞅以其亡也怨欒氏十四年欒黶彊逐范鞅使奔秦彊其丈切故與欒盈爲公族大夫而不相能桓子卒欒祁與其老州賓通欒祁桓子妻范宣子女盈之母也范氏堯後祁姓能如字徐乃代切幾亡室矣言亂甚幾其依切懷子患之祁懼其討也愬諸宣子曰盈將爲亂以范氏爲死桓主而專政矣桓主欒黶曰吾父逐鞅也不怒而以寵報之謂宣子不爲黶責懟鞅而反與鞅寵位爲于僞切下吾爲同又與吾同官而專之同爲公族大夫而鞅專其權勢吾父死而益富死吾

父而專於國有死而已吾蔑從之矣 言宣子專政盈欲以死作難 難乃旦切 其謀
如是懼害於主吾不敢不言范鞅為之徵 證其有此 懷子好施士多
歸之宣子畏其多士也信之懷子為下卿 下軍佐 好呼報切 施式豉切 宣子
使城著而遂逐之 著晉邑在外易逐 著直據切又張慮切 易以豉切 秋欒盈出奔楚宣
子殺箕遺黃淵嘉父司空靖邴豫董叔邴師申書羊舌虎叔羆
十子皆晉大夫欒盈之黨也羊舌虎叔向弟 邴音丙 羆彼皮切 囚伯華叔向籍偃 籍偃上軍司馬 人謂
叔向曰子離於罪其為不知乎 譏其受囚而不能去 知音智下及注同 叔向曰與
其死亡若何 言雖囚何若於死亡 詩曰優哉游哉聊以卒歲知也 詩小雅言君子
優游於衰世所以辟害卒其壽是亦知也釋文詩小雅案今小雅無此全語唯采菽詩云優哉游哉亦是戾矣 樂王鮒
見叔向曰吾為子請叔向弗應出不拜 樂王鮒晉大夫樂桓子 鮒音附 應應對之應下
注同一本作不應 其人皆咎叔向叔向曰必祁大夫 祁大夫祁奚也食邑於祁因以為氏
祁縣今屬大原 咎其九切 室老聞之曰樂王鮒言於君無不行 其言皆得行 求赦
吾子吾子不許 謂不應出不拜 祁大夫所不能也 不能動君 而曰必由之何

也叔向曰樂王鮒從君者也何能行祁大夫外舉不棄讎內舉
不失親其獨遺我乎詩曰有覺德行四國順之 詩大雅言德行直則天下順之
行下孟切 夫子覺者也 覺較然正直 較音角 晉侯問叔向之罪於樂王鮒對曰
不棄其親其有焉 言叔向篤親親必與叔虎同謀 於是祁奚老矣 老去公族大夫 聞之
乘馹而見宣子曰詩曰惠我無疆子孫保之 詩周頌也言文武有惠訓之德加於
百姓故子孫保賴之 馹人實切傳也 疆居良切 書曰聖有謨勳明徵定保 逸書謨謀也勳功也言聖
哲有謀功者當明信定安之 謨莫胡切 勳如字書作訓 夫謀而鮮過惠訓不倦者叔向有
焉 謀鮮過有謨勳也惠訓不倦惠我無疆也 社稷之固也猶將十世宥之以勸能者
今壹不免其身 壹以弟故 宥音又 以棄社稷不亦惑乎鯀殛而禹興 言不
以父罪廢其子 鯀古本切 殛紀力切 伊尹放大甲而相之卒無怨色 大甲湯孫也荒淫失度伊
尹放之桐宮三年改悔而復之而無恨心言不以一怨妨大德 大音泰 相息亮切 管蔡為戮周公右王
言兄弟罪不相及 右音又 若之何其以虎也棄社稷子為善誰敢不勉多
殺何為宣子說與之乘以言諸公而免之 共載入見公 說音悅 乘繩證切 見賢遍切

下始見并注同不見叔向而歸言爲國非私叔向也爲于僞切下不爲己及爲子皆同叔向亦不
告免焉而朝不告謝之明不爲己初叔向之母妬叔虎之母美而不使下使
見叔向父妬丁故切其子皆諫其母其母曰深山大澤實生龍蛇言非常之地多
生非常之物彼美余懼其生龍蛇以禍女女敝族也敝衰壞也龍蛇喻奇怪女音汝
下同國多大寵六卿專權不仁人間之不亦難乎余何愛焉使往視寢
生叔虎美而有勇力欒懷子嬖之故羊舌氏之族及於難欒盈
過於周周西鄙掠之劫掠財物間間廁之間難乃旦切掠音亮辭於行人王行人也曰天
子陪臣盈諸侯之臣稱於天子曰陪臣得罪於王之守臣范宣子爲王所命故曰守臣守手又
切將逃罪罪重於郊甸重得罪於郊甸謂爲郊甸所侵掠也郭外曰郊郊外曰甸甸直用切注同甸徒
練切無所伏竄敢布其死布陳也竄七亂切昔陪臣書能輸力於王室王
施惠焉輸力謂輔相晉國以翼戴天子相息亮切其子黶不能保任其父之勞大君
若不棄書之力亡臣猶有所逃大君謂天王任音壬若棄書之力而思黶
之罪臣戮餘也罪戮之餘將歸死於尉氏尉氏討姦之官不敢還矣敢布四

十四

體唯大君命焉布四體言無所隱王曰尤而效之其又甚焉尤晉逐盈而自掠之
是效光效式作傚戶教切使司徒禁掠欒氏者歸所取焉使候出諸轘轅候送迎賓
客之官也轘轅關在緱氏縣東南轘音桓○冬曹武公來朝始見也即位三年始來見公○會
於商任錮欒氏也禁錮欒盈使諸侯不得受錮音固齊侯衛侯不敬叔向曰二
君者必不免會朝禮之經也禮政之輿也政須禮而行政身之守也
政存則身安怠禮失政失政不立是以亂也爲二十五年齊弑光二十六年衛弑剽傳弑申
志切下同剽匹妙切知起中行喜州綽邢蒯出奔齊四子晉大夫知音智行戶郎切蒯苦怪切
皆欒氏之黨也樂王鮒謂范宣子曰盍反州綽邢蒯勇士也宣
子曰彼欒氏之勇也余何獲焉言不爲己用王鮒曰子爲彼欒氏乃
亦子之勇也言子待之如欒氏亦爲子用也齊莊公朝指殖綽郭最曰是寡人
之雄也州綽曰君以爲雄誰敢不雄然臣不敏平陰之役先二
子鳴十八年晉伐齊及平陰州綽獲殖綽郭最故自比於雞鬬勝而先鳴先悉薦切莊公爲勇爵設爵位以
命勇士殖綽郭最欲與焉自以爲勇與音預下同州綽曰東閭之役臣左驂

追還於門中識其枚數識門版數亦在十八年枚本亦作版其可以與於此乎公

曰子爲晉君也對曰臣爲隸新言但爲僕隸尚新耳爲于僞切然二子者譬於

禽獸臣食其肉而寢處其皮矣言嘗射得之射食亦切

經二十有二年春王正月公至自會無傳〇夏四月〇秋七月辛

酉叔老卒無傳子叔齊子〇冬公會晉侯齊侯宋公衛侯鄭伯曹伯莒

子邾子薛伯杞伯小邾子于沙隨〇公至自會無傳〇楚殺其大

夫公子追舒書名者寵近小人貪而多馬爲國所患近附近之近

傳二十二年春臧武仲如晉公頻與晉侯外會令各將罷還魯之守卿遣武仲爲公謝不敏故不書守手又切爲于僞切雨過御叔御叔在其邑將飲酒御叔魯御邑大夫過古禾切御魚呂切又魚據切曰焉用聖人武仲多知時人謂之聖焉於虔切知音智又如字我將飲酒而已

雨行何以聖爲穆叔聞之曰不可使也而傲使人言御叔不任使四方傲五報切使所吏切任音壬國之蠹也令倍其賦古者家有國邑故以重賦爲罰傳言穆叔能用敎蠹丁故切〇夏晉人徵朝于鄭鄭召使朝鄭人使少正公孫僑對少正鄭卿官也公孫僑子產少詩照切下少正同僑其驕切

曰在晉先君悼公九年我寡君於是即位魯襄八年即位八月即位年之八月而我先大夫子駟從寡君以朝于執事

執事不禮於寡君言朝執事謙不敢斥晉侯寡君懼因是行也我二年六月

朝于楚因朝晉不見禮生朝楚心晉是以有戲之役在九年戲許宜切楚人猶競而

申禮於敝邑敝邑欲從執事而懼爲大尤曰晉其謂我不共有

禮是以不敢攜貳於楚我四年三月先大夫子蟜又從寡君以

觀釁於楚寶朝言觀釁飾辭也言欲往視楚知可去否共音恭下共祀同釁許靳切晉於是乎有蕭

魚之役在十一年謂我敝邑邇在晉國譬諸草木吾臭味也晉鄭同姓故

而何敢差池差池不齊一差初宜切又初佳切又七河切注同池徐本作沱直知切又徒河切楚亦不

競寡君盡其土實土地所有重之以宗器宗廟禮樂之器鍾磬之屬重直用切以受齊

盟齊同也遂帥羣臣隨于執事以會歲終朝正貳於楚者子侯石盂

歸而討之石盂石臭盂音于臭刺略切湨梁之明年湨梁在十六年子蟜老矣公孫

夏從寡君以朝于君見於嘗酎酒之新熟重者爲酎嘗新飲酒爲嘗酎夏戶雅切下同見賢遍

切又如字間直又切與執燔焉助祭與音預燔本作膰音煩祭肉也間二年聞君將靖東夏
謂二十年澶淵盟間廁之間又如字間四月又朝以聽事期先澶淵二月往朝以聽會期先悉薦切
不朝之間無歲不聘無役不從以大國政令之無常國家罷病
不虞荐至荐仍也罷音皮荐在薦切無日不惕豈敢忘職惕懼也惕他歷切大國若
安定之其朝夕在庭何辱命焉言自將往不須來召朝夕如字若不恤其患而
以爲口實口實但有其言而已其無乃不堪任命而翦爲仇讎翦削也謂見剥削不
堪命則成仇讎任音壬敝邑是懼其敢忘君命委諸執事執事實重圖之
傳言子產有辭所以免大國之討○秋欒盈自楚適齊晏平仲言於齊侯曰商
任之會受命於晉受錮欒氏之命今納欒氏將安用之小所以事大信
也失信不立君其圖之弗聽退告陳文子曰君人執信臣人執
共忠信篤敬上下同之天之道也君自棄也弗能久矣爲二十五年齊
弑其君光傳○九月鄭公孫黑肱有疾歸邑于公黑肱子張肱古弘切召室老
宗人立段段子石黑肱子而使黜官薄祭黜官無多受職祭以特羊殷以少牢

四時祀以一羊三年盛祭以羊豕殷盛也足以共祀盡歸其餘邑曰吾聞之生於亂
世貴而能貧民無求焉可以後亡敬共事君與二三子生在敬
戒不在富也己巳伯張卒君子曰善戒詩曰慎爾侯度用戒不
虞鄭子張其有焉詩大雅侯維也義取慎法度戒未然盡津忍切凡此例可求故特音之○冬會
于沙隨復錮欒氏也晉知欒盈在齊故復錮也復扶又切下復使下注復生不復行皆同欒盈猶
在齊晏子曰禍將作矣齊將伐晉不可以不懼爲明年齊伐晉傳○楚
觀起有寵於令尹子南未益祿而有馬數十乘言子南偏寵觀起令富數所主
切乘繩證切令力呈切楚人患之王將討焉子南之子棄疾爲王御士御王
車者王每見之必泣棄疾曰君三泣臣矣敢問誰之罪也王曰令
尹之不能爾所知也國將討焉爾其居乎問能止事我否對曰父戮子
居君焉用之洩命重刑臣亦不爲漏洩君命罪之重爲於僞切下爲入同洩息列切又以制
切王遂殺子南於朝轘觀起於四竟轘車裂以徇轘音患竟音境下同子南之
臣謂棄疾請徙子尸於朝欲犯命取殯殯必刃切曰君臣有禮唯二三子

不欲犯命殺尸三日棄疾請尸王許之既葬其徒曰行乎行去也曰吾與
殺吾父行將焉入曰然則臣王乎曰棄父事讎吾弗忍也於事是讎
於賓是君故雖謂讎而不敢報與音預殺如字一音試遂縊而死傳譏康王與人子謀其父失君臣之義縊一賜
切復使薳子馮爲令尹公子齮爲司馬屈建爲莫敖屈建子木也齮五綺
切屈居勿切有寵於薳子者八人皆無祿而多馬他日朝與申叔豫
言弗應而退從之入於人中申叔辟薳子不欲與語應應對之應又從之遂歸退
朝見之薳子就申叔家見之曰子三困我於朝吾懼不敢不見吾過子姑
告我何疾我也對曰吾不免是懼何敢告子言恐與子并罪故不敢與子語見賢
遍切曰何故對曰昔觀起有寵於子南子南得罪觀起車裂何故
不懼自御而歸不能當道薳子惶懼意不在御至謂八人者曰吾見申叔
夫子所謂生死而肉骨也已死復生白骨更肉知我者如夫子則可夫子謂申
叔也如夫子謂以義匡已不然請止止不相知辭八人者而後王安之辭遣之○十
二月鄭游販將歸晉游販公孫蠆子販普板切未出竟遭逆妻者奪之以館
于邑舍止其邑不復行丁巳其夫攻子明殺之以其妻行十二月無丁巳丁巳十一
月十四日也子展廢良而立大叔良游販子大叔販弟大音泰曰國卿君之貳也
民之主也不可以苟請舍子明之類子明有罪而良不賢故舍音捨又求亡妻
者使復其所使游氏勿怨鄭國不討專殺之人所以抑彊扶弱臨時之宜曰無昭惡也
交怨則父之不修益明也

春秋左氏傳卷第十六

春秋經傳集解襄四第十七

杜氏　盡二十五年

經二十有三年春王二月癸酉朔日有食之（無傳）○三月己巳杞伯匄卒（五同盟　匄古害切）○夏邾畀我來奔（無傳畀我是庶其之黨同有竊邑叛君之罪來奔故書　畀必利切）○葬杞孝公（無傳）○陳殺其大夫慶虎及慶寅（書名皆罪其專國叛君言及史異辭無義例）○陳侯之弟黃自楚歸于陳（諸侯納之曰歸黃至楚自理得直故爲楚所納）○晉欒盈復入于晉（以惡入曰復入　復扶又切注同）入于曲沃（兵敗奔曲沃據曲沃衆還與君爭非欲出附他國故不言叛　還戶關切　爭爭鬬之爭）○秋齊侯伐衛遂伐晉（兩事故言遂）○八月叔孫豹帥師救晉次于雍榆（豹救晉待命于雍榆故書次雍榆晉地汲郡朝歌縣東有雍城　雍於用切　朝如字）○己卯仲孫速卒（孟莊子也）○冬十月乙亥臧孫紇出奔邾（書名者阿順季氏爲之廢長立少以取奔亡罪之　爲于僞切　長丁丈切　少詩照切）○晉人殺欒盈○齊侯襲莒（輕行掩其不備曰襲因伐晉還襲莒不言遂者間有事　輕遣政切）

傳二十三年春杞孝公卒晉悼夫人喪之（悼夫人晉平公母杞孝公姊妹　喪如字又息浪切）平公不徹樂非禮也（徹去也　去起呂切）禮爲鄰國闕（禮諸侯絕期故以鄰國責之　爲于僞切下注爲召下而爲同　期居其切）○陳侯如楚（朝也）公子黃愬二慶於楚楚人召之（二慶虎及寅也二十年二慶譖黃黃奔楚自理今陳侯往楚乃信黃爲召二慶　愬息路切）使慶樂往殺之（慶樂二慶之族二慶畏誅故不敢自往使慶樂往絕句）慶氏以陳叛（因陳侯在楚而叛之不書叛不以告）夏屈建從陳侯圍陳陳人城（治城以距君屈建楚莫敖　從才用切又如字）板隊而殺人（慶氏忿其板隊遂殺築人故役人怨而作亂　隊直類切注同）役人相命各殺其長（長丁丈切）遂殺慶虎慶寅楚人納公子黃君子謂慶氏不義不可肆也（肆放也）故書曰惟命不于常（周書康誥言有義則存無義則亡）○晉將嫁女于吳齊侯使析歸父媵之以藩載欒盈及其士（藩車之有障蔽者使若媵妾在其中　析星歷切　媵以證切又繩證切　藩方元切　障之亮切又音章）納諸曲沃（欒盈邑也）欒盈夜見胥午而告之（胥午守曲沃大夫）對曰不可天之所廢誰能興之子必不免吾非愛死也知不集也（集成也　知音智又如字）盈曰雖然因子而死吾無悔矣我實不天子無咎焉（言我雖不爲天所祐子無咎故可因　咎其九切　祐音又）許諾伏之而觴

曲沃人胥午匿盈而飲其衆觴式羊切匿女力切飲於鴆切樂作午言曰今也得欒孺子
何如孺子欒盈對曰得主而爲之死猶不死也皆歎有泣者爵行又
言皆曰得主何貳之有盈出徧拜之謝衆之恩己徧音遍四月欒盈帥曲
沃之甲因魏獻子以晝入絳獻子魏舒絳晉國都初欒盈佐魏莊子於下
軍莊子魏絳獻子之父獻子私焉故因之私相親愛趙氏以原屏之難怨欒氏
成八年莊姬譖之欒郤爲徵屏薄經切難乃旦切韓趙方睦韓起讓趙武故和睦中行氏以伐秦
之役怨欒氏十四年晉伐秦欒黶違荀偃命曰余馬首欲東而固與范氏和親范宣子佐中行
偃於中軍知悼子少而聽於中行氏悼子知罃之子荀盈也少年十七知氏中行氏同祖故相聽從
知音智少詩照切程鄭嬖於公鄭亦荀氏宗嬖必計切唯魏氏及七輿大夫與之
七輿官名輿音餘樂王鮒侍坐於范宣子或告曰欒氏至矣宣子懼桓
子曰奉君以走固宮必無害也桓子樂王鮒鮒音附坐如字又才卧切走如字又音奏且
欒氏多怨子爲政欒氏自外子在位其利多矣既有利權又執
民柄賞罰爲民柄柄彼命切將何懼焉欒氏所得其唯魏氏乎而可彊取

左十七　二

也夫克亂在權子無懈矣公有姻喪夫人有杞喪彊其丈切下注彊取同懈佳賣切王
鮒使宣子墨縗冒絰晉自殽戰還遂常墨縗縗七雷切本又作衰音同冒莫報切絰直結切冒絰以絰冒
其首也一云縗冒絰三者皆墨之二婦人輦以如公恐欒氏有內應距之故爲婦人服而入應應對之應
奉公以如固宮固宮宮之有臺觀備守者觀官喚切守手又切范鞅逆魏舒用王鮒計欲彊取之
則成列既乘將逆欒氏矣趨進曰欒氏帥賊以入鞅之父與二
三子在君所矣二三子諸大夫乘繩證切下驂乘超乘同使鞅逆吾子鞅請驂乘持
帶驂乘必持帶備隤隊隤待果切隊直類切遂超乘跳上獻子車跳徒彫切上時掌切右撫劒左援
帶劫之援音袁命驅之出僕請請所至鞅曰之公宣子逆諸階逆獻子也執
其手賂之以曲沃恐不與己同心初斐豹隸也著於丹書蓋犯罪沒爲官奴以丹書
其罪斐音非又芳匪切欒氏之力臣曰督戎國人懼之斐豹謂宣子曰苟
焚丹書我殺督戎宣子喜曰而殺之所不請於君焚丹書者有
如日言不負要明如日著丁毒切乃出豹而閉之閉著門外著陟略切督戎從之踰隱
而待之隱短牆也督戎踰入豹自後擊而殺之范氏之徒在臺後公臺

之後欒氏乘公門乘登也宣子謂鞅曰矢及君屋死之鞅用劍以帥
卒用劍短兵接敵欲致死卒子忽切欒氏退攝車從之鞅攝宣子戎車遇欒樂樂盈之族曰
樂免之死將訟女於天言雖死猶不舍女罪女音汝樂射之不中又注注屬矢於
弦也射食亦切中丁仲切屬之玉切則乘槐本而覆欒樂車轢槐而覆覆芳服切轢音歷或以戟鉤
之斷肘而死欒魴傷欒盈奔曲沃晉人圍之魴欒氏族斷音短○秋齊侯
伐衛先驅穀榮御王孫揮召揚為右先驅前鋒軍召上照切申驅成秩御
莒恒申鮮虞之傅摯為右申驅次前軍傅摯申鮮虞之子傳音仙摯音至一本或作申鮮虞之子傅
摯曹開御戎晏父戎為右公御右也父音甫貳廣上之登御邢公盧蒲
癸為右貳廣公副車廣古曠切啓牢成御襄罷師狼蘧疏為右左翼曰啓罷一作罕
罷音皮徐音彼又皮買切蘧其居切胠商子車御侯朝桓跳為右右翼曰胠胠起呂切又音脅或
起業切朝如字又直遙切跳徒彫切大殿商子游御夏之御寇崔如為右大殿後軍殿都
練切夏戶雅切鉏鉏呂切燭庸之越駟乘四人共乘殿車也傳具載此言莊公廢舊臣任武力自衛將
遂伐晉晏平仲曰君恃勇力以伐盟主若不濟國之福也不德
而有功憂必及君崔杼諫曰不可臣聞之小國間大國之敗而
毀焉必受其咎君其圖之弗聽陳文子見崔武子文子陳完之孫須無武子
崔杼也間間廁之間曰將如君何武子曰吾言於君君弗聽也以為盟主
而利其難群臣若急君於何有言有急不能顧君欲弒之以說晉難乃旦切說音悅又如字
子姑止之文子退告其人曰崔子將死乎謂君甚而又過之弒君
之惡過於背盟主背音佩不得其死過君以義猶自抑也況以惡乎自抑損齊
侯遂伐晉取朝歌朝歌今屬汲郡為二隊入孟門登大行二隊分為二部孟門晉隘
道大行山在河內郡北隊徒對切徐徒猥切大音泰行徐戶郎切又如字隘於懈切張武軍於熒庭張武
軍謂築壘壁熒庭晉地熒戶扃切冥音廷本亦作廷壘力軌切壁亦作辟音壁戍郫邵取晉邑而守之郫婢支切封
少水封晉尸於少水以為京觀少詩照切下注並同以報平陰之役乃還平陰役在十八年
趙勝帥東陽之師以追之獲晏氂趙勝趙旃之子東陽晉之山東魏郡東廣平以北晏氂齊
大夫勝音升一音申證切氂力之切徐音來八月叔孫豹帥師救晉次于雍榆禮也
救盟主故曰禮○季武子無適子公彌長而愛悼子欲立之公彌公鉏悼子紇也

適丁歷切長丁丈切下皆同鉏仕居切紇恨發切下同 訪於申豐曰彌與紇吾皆愛之欲
擇才焉而立之申豐趨退歸盡室將行 申豐季氏屬大夫 他日又訪焉
對曰其然將具敝車而行 其然猶必爾敝婢世切徐扶滅切 乃止 止不江紇 訪於臧
紇臧紇曰飲我酒吾為子立之季氏飲大夫酒臧紇為客 為上賓
於鴆切下皆同為于偽切下注為定為公鉏同 既獻 已獻酒 臧孫命北面重席新樽絜
之 酒樽既新復絜滌之重直恭切樽音尊本亦作尊復扶又切下非復下文復戰同滌音早 召悼子降逆之
太夫皆起 臧孫下迎悼子 及旅而召公鉏 獻酬禮畢通行為旅 使與之齒 使從庶子之禮
列在悼子之下 季孫失色 恐公鉏不從 季氏以公鉏為馬正 馬正家司馬 慍而不
出閔子馬見之 閔子馬閔馬父慍紆運切怨也怒也 曰子無然禍福無門唯人所
召為人子者患不孝不患無所 所位處昌慮切 敬共父命何常之有
言廢置在父無常位也 若能孝敬富倍季氏可也 父寵之則可富 姦回不軌禍倍
下民可也 禍甚於貧賤 公鉏然之敬共朝夕恪居官次 次舍也朝如字恪苦各切
季孫喜使飲己酒而以具往盡舍旃 具饗燕之具舍音捨 故公鉏氏富又

出為公左宰 出季氏家臣仕於公 孟孫惡臧孫 不相善惡烏路切下之惡子之惡我君所惡皆同
季孫愛之 愛其成己志 孟氏之御騶豐點好羯也 羯孟莊子之庶孺子秩之弟孝伯
也騶側留切點都簟切又之廉切好呼報切羯居謁切 曰從余言必為孟孫 為孟孫後 再三云
羯從之孟莊子疾豐點謂公鉏苟立羯請讎臧氏 使孟氏與公鉏共讎臧孫
公鉏謂季孫曰孺子秩固其所也 固自當立 若羯立則季氏信有力
於臧氏矣 臧氏因季孫之欲而為定之猶爲有力今若專立孟氏之少則季氏有力過於臧氏 弗應己卯
孟孫卒公鉏奉羯立于戶側 戶側喪主應應對之應 季孫至入哭而出曰
秩焉在公鉏曰羯在此矣季孫曰孺子長公鉏曰何長之有唯
其才也 季孫廢鉏立紇云欲擇才故以此荅之焉於虔切 且夫子之命也 遂誣孟孫 遂立羯
秩奔邾臧孫入哭甚哀多涕出其御曰孟孫之惡子也而哀如
是季孫若死其若之何臧孫曰季孫之愛我疾疢也 常志相順從身之害
疢恥刃切下皆同 孟孫之惡我藥石也 常志相違戾猶藥石之療疾療力召切 美疢不如
惡石夫石猶生我 愈己疾也 疢之美其毒滋多孟孫死吾亡無日矣

孟氏閉門告於季孫曰臧氏將爲亂不使我葬欲爲公鉏辟臧氏季孫
不信臧孫聞之戒戒爲備冬十月孟氏將辟藉除於臧氏辟穿藏也於臧
氏借人除葬道闢婢亦切徐甫亦切注同藉徐音借又如字藏才浪切臧孫使正夫助之正夫隧正隧音
遂下同除於東門甲從己而視之畏孟氏故從甲士視作者從才用切又如字孟氏又
告季孫季孫怒命攻臧氏見其有甲故乙亥臧紇斬鹿門之關以出
奔邾魯南城東門初臧宣叔娶于鑄生賈及爲而死鑄國濟北蛇丘縣所治娶七住
切鑄之樹切蛇音移治直吏切繼室以其姪女子謂兄弟之子爲姪姪大結切又丈一切穆姜之姨
子也姪穆姜姨母之子與穆姜爲姨昆弟生紇長於公宮姜氏愛之故立之立爲宣叔
嗣臧賈臧爲出在鑄還舅氏也臧武仲自邾使告臧賈且致大蔡焉
大蔡大龜釋文一云龜出蔡地因以爲名曰紇不佞失守宗祧遠祖廟爲祧祧他彫切敢告不
弔不爲天所弔恤紇之罪不及不祀言應有後子以大蔡納請其可請爲先人立後
爲于僞切下爲己自爲皆同賈曰是家之禍也非子之過也賈聞命矣再拜
受龜使爲以納請賈使爲爲己請遂自爲也爲自爲請臧孫如防防臧孫邑使來
告曰紇非能害也知不足也言使甲從己但慮事淺耳知音智非敢私請爲其先人
請也苟守先祀無廢二勳二勳文仲宣叔敢不辟邑據邑請後故孔子以爲要君要一遥切
乃立臧爲臧紇致防而奔齊其人曰其盟我乎謂陳其罪惡盟諸大夫以爲戒
臧孫曰無辭廢長立少季孫所忌故謂無辭以罪己將盟臧氏季孫召外史掌惡
臣而問盟首焉惡臣謂奔亡者盟首載書之章首對曰盟東門氏也曰毋或如
東門遂不聽公命殺適立庶文公命立子惡公子遂殺之立宣公毋音無聽吐定切適丁歷切
盟叔孫氏也曰毋或如叔孫僑如欲廢國常蕩覆公室謂譖公與季孟
於晉覆芳服切季孫曰臧孫之罪皆不及此孟椒曰盍以其犯門斬關
季孫用之乃盟臧氏曰無或如臧孫紇干國之紀犯門斬關干亦
犯也盍戶臘切臧孫聞之曰國有人焉誰居其孟椒乎孟椒孟獻子之孫子服惠伯居
猶與也居音基與音餘○晉人克欒盈于曲沃盡殺欒氏之族黨欒魴出奔
宋書曰晉人殺欒盈不言大夫言自外也自外犯君而入非復晉大夫○齊
侯還自晉不入不入國遂襲莒門于且于且于莒邑且子餘切傷股而退齊侯

傷明日將復戰期于壽舒(壽舒莒地)杞殖華還載甲夜入且于之隧
宿於莒郊(二子齊大夫且于隧狹路(殖)市力切(華)胡化切(還)音旋(狹)戶夾切)明日先遇莒子於
蒲侯氏(蒲侯氏近莒之邑(近)附近之近)莒子重賂之使無死曰請有盟(欲以盟要二子
無致死戰)華周對曰貪貨棄命亦君所惡也(華周即華還)昏而受命日未
中而棄之何以事君莒子親鼓之從而伐之獲杞梁(杞梁即杞殖)莒
人行成(勝大國益懼故行成)齊侯歸遇杞梁之妻於郊(杞梁戰死妻行迎喪)使弔之
辭曰殖之有罪何辱命焉(言若有罪不足弔)若免於罪猶有先人之敝
廬在下妾不得與郊弔(婦人無外事故下猶賤也(廬)力居切(與)音預)齊侯弔諸其室
(傳言婦人有禮)○齊侯將爲臧紇田(與之田邑)臧孫聞之見齊侯與之言伐
晉(齊侯自道伐晉之功(見)賢遍切釋文齊侯絕句一讀以見字絕句齊侯向下讀)對曰多則多矣
抑君似鼠夫鼠晝伏夜動不穴於寢廟畏人故也今君聞晉之
亂而後作焉(作起兵也)寧將事之非鼠如何乃弗與田(臧孫知齊侯將敗不欲受
其邑故以比鼠欲使怒而止)仲尼曰知之難也有臧武仲之知(謂能辟齊禍(知)音智)而

不容於魯國抑有由也作不順而施不恕也夏書曰念茲在茲
(逸書也念此事在此身言行事當常念如在己身也)順事恕施也
經二十有四年春叔孫豹如晉(賀克欒氏)○仲孫羯帥師侵齊○夏
楚子伐吳○秋七月甲子朔日有食之既(無傳)○齊崔杼帥師伐
莒○大水(無傳)○八月癸巳朔日有食之(無傳)○公會晉侯宋公衛
侯鄭伯曹伯莒子邾子滕子薛伯杞伯小邾子于夷儀○冬楚
子蔡侯陳侯許男伐鄭○公至自會(無傳)○陳鍼宜咎出奔楚(陳鍼
子八世孫慶氏之黨書名惡之也(鍼)其廉切(咎)其九切(惡)烏路切)○叔孫豹如京師○大饑(無傳)
((饑)居疑切又音機)
傳二十四年春穆叔如晉范宣子逆之問焉曰古人有言曰死
而不朽何謂也穆叔未對宣子曰昔匄之祖自虞以上爲陶唐
氏(陶唐堯所治地大原晉陽縣也然虞之世以爲號故曰自虞以上(上)時掌切(治)直吏切)在夏爲御龍氏
(謂劉累也事見昭二十九年(見)賢遍切)在商爲豕韋氏(豕韋國名東郡白馬縣東南有韋城)在周爲

唐杜氏（唐杜二國名豕韋國於唐周成王滅唐遷之於杜爲杜伯杜伯之子隰叔奔晉四世及士會食邑於范復爲范氏杜今京兆杜縣隰徐入切復扶又切）晉主夏盟爲范氏其是之謂乎（晉爲諸夏盟主范氏復爲之佐言己世爲興家夏戶雅切）穆叔曰以豹所聞此之謂世祿非不朽也魯有先大夫曰臧文仲既沒其言立（立謂不廢絕釋文既沒其言立今俗本皆作其言立於世檢元熙以前本則無於世二字）其是之謂乎豹聞之大上有立德（黃帝堯舜大音泰）其次有立功（禹稷）其次有立言（史佚周任臧文仲佚音逸任音壬）雖久不廢此之謂不朽若夫保姓受氏以守宗祊（祊廟門祊布彭切）世不絕祀無國無之祿之大者不可謂不朽（傳善穆叔之知言）○范宣子爲政諸侯之幣重鄭人病之二月鄭伯如晉子產寓書於子西以告宣子（寓寄也寓音遇）曰子爲晉國四鄰諸侯不聞令德而聞重幣僑也惑之僑聞君子長國家者非無賄之患而無令名之難夫諸侯之賄聚於公室則諸侯貳（貳離也長丁丈切難如字又乃旦切賄呼罪切）若吾子賴之則晉國貳（賴恃用之）諸侯貳則晉國壞晉國貳則子之家壞何沒沒也（沒沒沈滅之言）

（沒如字一音妹）將焉用賄夫令名德之輿也（德須令名以遠聞焉於虔切聞音問又如字）德國家之基也有基無壞無亦是務乎有德則樂樂則能久詩云樂只君子邦家之基有令德也夫（詩小雅言君子樂美其道爲邦家之基所以濟令德樂音洛夫音扶）上帝臨女無貳爾心有令名也夫（詩大雅言武王爲天所臨不敢懷貳心所以濟令名女音汝）恕思以明德則令名載而行之是以遠至邇安毋寧使人謂子子實生我（無寧寧也毋音無）而謂子浚我以生乎（浚取也言取我財以自生浚思俊切）象有齒以焚其身賄也（焚斃也焚扶云切服云焚讀曰僨僨僵也斃婢世切）宣子說乃輕幣是行也鄭伯朝晉爲重幣故且請伐陳也鄭伯稽首宣子辭子西相曰以陳國之介恃大國而陵虐於敝邑（介因也大國楚也說音悅爲于僞切相息亮切介音戒）寡君是以請罪焉（請得罪於陳也釋文是以請罪焉一本作是以請請罪焉請並七井切徐上請字音情）敢不稽首（爲明年鄭入陳傳）○孟孝伯侵齊晉故也（前年齊伐晉魯爲晉報侵）○夏楚子爲舟師以伐吳（舟師水軍）不爲軍政（不設賞罰之差）無功而還（爲下吳召舒鳩起本）○齊侯既伐晉而懼將欲見楚子楚子使

遠啓彊如齊聘且請期請會期彊其良切又居良切齊社蒐軍實使客觀之祭社因閱數軍器以示遠啓彊蒐所求切閱音悅數所主切陳文子曰齊將有寇吾聞之兵不戢必取其族戢藏也族類也取其族還自害也戢側立切。秋齊侯聞將有晉師夷儀之師使陳無宇從遠啓彊如楚辭且乞師辭有晉師未得相見崔杼帥師送之遂伐莒侵介根介根莒邑今城陽黔陬縣東北計基城是也齊既與莒平因兵出侵之言無信也黔其廉切又其今切如淳音耿弁切陬側留切又子侯切韋昭音諏基又作其音基又如字漢書作斤如淳斤音基。會于夷儀將以伐齊水不克晉合諸侯以報前年見伐冬楚子伐鄭以救齊門于東門次于棘澤以齊無宇乞師故也諸侯還救鄭夷儀諸侯晉侯使張骼輔躒致楚師求御于鄭欲得鄭人自御知其地利故也骼庚百切一音古洛切躒力狄切徐音洛鄭人卜宛射犬吉射犬鄭公孫宛於元切射食亦切徐神石切子大叔戒之曰大國之人不可與也言不可與等也欲使卑下之大叔游吉大音泰對曰無有衆寡其上一也言在己上者有常分無大小國之異分扶問切大叔曰不然部婁無松柏部婁小阜松柏大木喻小國異於大國部蒲口切徐又扶苟切婁本或作塿路口切徐力侯切阜扶有切二子在幄坐射犬于外二子

張骼輔躒幄帳也幄於角切既食而後食之使御廣車而行廣車兵車下食音嗣廣古曠切己皆乘乘車乘車安車下乘繩證切將及楚師而後從之乘皆踞轉而鼓琴轉衣裝踞居慮切轉張戀切又張𤄫切張側良切一作囊近不告而馳之射犬恨故近敵不告而馳皆取冑於囊而冑入壘皆下搏人以投收禽挾囚禽獲也冑直救切囊古毛切壘力軌切搏音博徐甫各切挾音協弗待而出射犬又不待二子皆超乘抽弓而射既免復踞轉而鼓琴曰公孫同乘兄弟也言同乘義如兄弟復扶又切胡再不謀謂不告而馳不待而出對曰曩者志入而已今則怯也皆笑曰公孫之亟也亟急也言其性急不能受屈曩如黨切鄉也怯去業切亟居力切楚子自棘澤還使遠啓彊帥師送陳無宇傳言齊楚固相結也。吳人爲楚舟師之役故在此年夏爲于僞切召舒鳩人舒鳩人叛楚舒鳩楚屬國召欲與共伐楚楚子師于荒浦荒浦舒鳩地浦判五切使沈尹壽與師祁犂讓之二子楚大夫犂力兮切舒鳩子敬逆二子而告無之且請受盟二子復命王欲伐之遠子曰不可令尹遠子馮彼告不叛且請受盟而又伐之伐無罪也姑歸息民以待其卒卒終也

卒而不貳吾又何求若猶叛我無辭有庸乃還彼無辭我有功爲明年楚滅舒
鳩傳○陳人復討慶氏之黨鍼宜咎出奔楚言宜咎所以稱名○齊人城郟
郟王城也於是穀雒鬭毀王宮齊叛晉欲求媚於天子故爲王城之郟古洽切穆叔如周聘且賀城王
嘉其有禮也賜之大路大路天子所賜車之總名爲昭四年叔孫以所賜路葬張本○晉侯
嬖程鄭使佐下軍代欒盈也鄭行人公孫揮如晉聘揮子羽也揮許韋切程鄭
問焉曰敢問降階何由問自降下之道下遐嫁切又如字子羽不能對歸以語
然明然明鬷蔑語魚據切鬷子公切然明曰是將死矣不然將亡貴而知懼懼
而思降乃得其階階猶道也下人而已又何問焉言易知下戶嫁切易以豉切且
夫既登而求降階者知人也不在程鄭其有亡釁乎不然其有
惑疾將死而憂也言鄭本小人爲明年程鄭卒張本夫音扶知音智釁許覲切

經二十有五年春齊崔杼帥師伐我北鄙○夏五月乙亥齊崔
杼弒其君光齊侯雖背盟主未有無道於民故書臣罪崔杼也背音佩○公會晉侯宋公衛
侯鄭伯曹伯莒子邾子滕子薛伯杞伯小邾子于夷儀○六月
壬子鄭公孫舍之帥師入陳子產之言陳以不義見入故舍之無譏釋例詳之○秋八
月己巳諸侯同盟于重丘夷儀之諸侯也重丘齊地己巳七月十二日經誤重直龍切○公
至自會無傳○衛侯入于夷儀夷儀本邢地衛滅邢而爲衛邑晉愍衛衎失國使衛分之一邑書入
者自外入之辭非國逆之例而昔旦切○楚屈建帥師滅舒鳩傳在衛侯入夷儀上經在下從告
○冬鄭公孫夏帥師伐陳陳猶未服○十有二月吳子遏伐楚門于
巢卒遏諸樊也爲巢牛臣所殺不書滅者楚人不獲其尸吳以卒告未同盟而赴以名遏於葛切徐音謁

傳二十五年春齊崔杼帥師伐我北鄙以報孝伯之師也前年魯使
孟孝伯爲晉伐齊爲于僞切公患之使告于晉孟公綽曰崔子將有大志志在
弒君孟公綽魯大夫綽昌若切徐本作卓音綽不在病我必速歸何患焉其來也不寇不爲
寇害使民不嚴欲得民心異於他日齊師徒歸徒空也○齊棠公之妻東
郭偃之姊也棠公齊棠邑大夫東郭偃臣崔武子棠公死偃御武子以
弔焉見棠姜而美之美其色也使偃取之爲己取也取如字又七住切偃曰男女
辨姓辨別也別彼列切今君出自丁齊丁公崔杼之祖臣出自桓不可齊桓公小白東

郭偃之祖同姜姓故不可昏武子筮之遇困☵☱坎下兌上困坎苦敢切兌徒外切之大過☴☱巽下兌上大過困六三變爲大過巽音遜史皆曰吉阿崔子示陳文子文子曰夫從風坎爲中男故曰夫變而爲巽故曰從風中丁仲切風隕妻不可娶也風能隕落物者變而隕落故曰妻不可娶隕于敏切娶亦作取七住切且其繇曰困于石據于蒺蔾入于其宮不見其妻凶困六三爻辭繇直又也蒺音疾蔾力私切困于石往不濟也坎爲險爲水水之險者石不可以動據于蒺蔾所恃傷也坎爲險兌爲澤澤之生物而險者蒺蔾恃之則傷入于其宮不見其妻凶無所歸也易曰非所困而困名必辱非所據而據身必危既辱且危死其將至妻其可得見耶今卜昏而遇此卦六三失位無應則喪其妻失其所歸也應應對之應喪息浪切崔子曰嫠也何害先夫當之矣寡婦曰嫠言棠公已當此凶嫠本又作釐力之切遂取之莊公通焉驟如崔氏以崔子之冠賜人侍者曰不可公曰不爲崔子其無冠乎言雖不爲崔子猶自應有冠驟愁又切徐在遘切崔子因是因是怒公又以其間伐晉也間晉之難而伐之間間廁之隙難乃旦切曰晉必將報欲弒公以說于晉而不獲間公鞭侍人賈舉而又近之乃爲崔子間公伺公間隙弒申志切說音悅又如字爲于僞切莒爲崔同夏五月莒爲且于之役故莒子朝于齊且于役在二十三年且子餘切甲戌饗諸北郭崔子稱疾不視事欲使公來乙亥公問崔子問疾遂從姜氏姜入于室與崔子自側戶出公拊楹而歌歌以命姜拊芳甫切拍也楹音盈侍人賈舉止衆從者而入閉門爲崔子閉公也重言侍人者別下賈舉從才用切重直用切別彼列切甲興公登臺而請弗許請免請盟弗許請自刃於廟弗許求還廟自殺也皆曰君之臣杼疾病不能聽命不能親聽公命近於公宮言崔子宮近公宮或淫者詐稱公陪臣干掫有淫者不知二命干掫行夜言行夜得淫人受崔子命討之不知他命干徐云讀曰扞胡旦切服音如字掫側柳切徐子俱切又作侯切說文云掫夜戒有所擊也從手取聲字林同音子侯切服本作取子須切謀也今傳本或作諏猶依掫音行下孟切公踰牆又射之中股反隊遂弒之賈舉州綽邴師公孫敖封具鐸父襄伊僂堙皆死八子皆齊勇力之臣爲公所嬖者與公共死於崔子之宮射食亦切中丁仲切股音古隊直類切具求付切鐸待洛切堙音因祝佗父祭於高唐高唐有齊別廟也佗徒河切至復命不說弁而死於崔氏爵弁祭服說音悅弁皮彥切申蒯侍漁者侍魚監取魚之官蒯苦怪切監古銜切退謂其宰曰爾以帑免

帑宰之妻子帑音奴我將死其宰曰免是反子之義也與之皆死反死君之義
崔氏殺騣蔑于平陰騣蔑平陰大夫公外嬖傳言莊公所養非國士故其死難皆嬖寵之人騣子公切難
乃旦切晏子立於崔氏之門外聞難而來其人曰死乎曰獨吾君也乎
哉吾死也言己與衆臣無異曰行乎曰吾罪也乎哉吾亡也自謂無罪曰歸
乎曰君死安歸言安可以歸君民者豈以陵民社稷是主臣君者豈
爲其口實社稷是養言君不徒居民上臣不徒求祿皆爲社稷爲于僞切下同故君爲社稷死
則死之爲社稷亡則亡之謂以公義死亡若爲己死而爲己亡非其私
暱誰敢任之私暱所親愛也非所親愛無爲當其禍暱女乙切任音壬且人有君而弑之吾
焉得死之而焉得亡之言己非正卿見待無異於衆臣故不得死其難也弑申志切焉於虔切將
庸何歸將用死亡之義何所歸趣門啓而入枕尸股而哭以公尸枕己股枕之鴆切興三
踊而出人謂崔子必殺之崔子曰民之望也舍之得民舍置也踊洋寵
切盧蒲癸奔晉王何奔莒二子莊公黨爲二十八年殺慶舍張本叔孫宣伯之在
齊也宣伯魯叔孫僑如成十六年奔齊叔孫還納其女於靈公嬖生景公還齊羣公

十一

子納宣伯女於靈公還音旋丁丑崔杼立而相之慶封爲左相盟國人於大
宮大宮大公廟相息亮切下同大音泰曰所不與崔慶者晏子仰天歎曰嬰所不
唯忠於君利社稷者是與有如上帝乃歃盟書云所不與崔慶者有如上帝讀書未
終晏子抄荅易其辭因自歃曰所不與崔慶者本或此下有有如此盟四字者後人妄加歃所洽切又所甲切辛巳公
與大夫及莒子盟莒子朝齊遇崔杼作亂未去故復與景公盟復扶又切大史書曰崔杼
弑其君崔子殺之其弟嗣書而死者二人嗣續也并前有三人死其弟又
書乃舍之南史氏聞大史盡死執簡以往聞既書矣乃還傳言齊有
直史崔杼之罪所以聞閭丘嬰以帷縳其妻而載之與申鮮虞乘而出二子
莊公近臣帷位悲切縳直轉切乘繩證切鮮虞推而下之下嬰妻也推如字又他回切曰君昏不
能匡危不能救死而知匿其暱匿藏也暱親也匿女力切暱女乙切注同其
誰納之行及弇中將舍弇中狹道弇於檢切又於廉切下同狹音洽嬰曰崔慶其追
我鮮虞曰一與一誰能懼我言道狹雖衆無所用遂舍枕轡而寢恐失馬也枕之
鴆切食馬而食駕而行出弇中謂嬰曰遠驅之崔慶之衆不可

當也遂來奔道廣衆得用故不可當彘音觸崔氏側莊公于北郭側瘞之不殯於廟瘞於
滯切埋無皆切丁亥葬諸士孫之里士孫人姓因名里死十三日便葬不待五月四翣喪車之飾
諸侯六翣翣所甲切不蹕蹕止行人蹕音必下車七乘不以兵甲下車送葬之車齊舊依上公禮
九乘又有甲兵今皆降損乘繩證切○晉侯濟自泮泮闕泮普半切會于夷儀伐齊以報
朝歌之役朝歌役在二十三年不書伐齊齊人逆服兵不加齊人以莊公說以弑莊公說晉也說
如字又音悅使隰鉏請成慶封如師慶封獨使於晉不通諸侯故不書鉏隰朋之曾孫鉏仕居切使
所吏切男女以班賂晉侯以宗器樂器宗器祭祀之器樂器鐘磬之屬自六正三軍
之六卿五吏三十帥五吏文職三十帥武職皆軍卿之屬官帥所類切下同三軍之大夫百
官之正長師旅百官正長羣有司也師旅小將帥長丁丈切及處守者皆有賂皆以男女
爲賂處守守國者守手又切又如字晉侯許之晉侯受賂還不譏者齊有喪師自宜退使叔向告於
諸侯告齊服公使子服惠伯對曰君舍有罪以靖小國君之惠也
寡君聞命矣○晉侯使魏舒宛没逆衛侯衛獻公以十四年奔齊宛於元切將
使衛與之夷儀崔子止其帑以求五鹿崔杼欲得衛之五鹿故留衛侯妻子於齊以質

之○初陳侯會楚子伐鄭在前年當陳隧者井堙木刊隧徑也堙塞也刊除
也隧音遂徐徒猥切堙音因刊苦干切徑古定切鄭人怨之六月鄭子展子產帥車七
百乘伐陳宵突陳城突穿也遂入之陳侯扶其大子偃師奔墓欲逃
家間遇司馬桓子曰載余陳之司馬曰將巡城不欲載公以巡城辭遇賈獲賈獲陳大
夫載其母妻下之而授公車公曰舍而母辭曰不祥雖急猶不欲男女無
別別彼列切與其妻扶其母以奔墓亦免子展命師無入公宮與子
產親御諸門欲服之而已故禁侵掠御魚呂切掠音亮陳侯使司馬桓子賂以宗器
陳侯免擁社免喪服擁社抱社主示服免音問徐音万喪冠也擁於勇切使其衆男女別而
纍以待於朝纍自囚係以待命纍類悲切又呂軌切子展執縶而見見陳侯縶陟立切見賢遍
切再拜稽首承飲而進獻承飲奉觴示不失臣敬子美入數俘而出子美子產
也但數其所獲人數不將以歸數俘所主切注但數同祝祓社司徒致民司馬致節司空
致地乃還祓除也節兵符陳亂故正其衆官脩其所職以安定之乃還也祓芳弗切徐音廢○秋七月
己巳同盟于重丘齊成故也伐齊而稱同盟以明齊亦同盟○趙文子爲政趙武代范

句令薄諸侯之幣而重其禮以重禮待諸侯穆叔見之謂穆叔曰自今
以往兵其少弭矣弭止也亡氏切弭齊崔慶新得政將求善於諸侯武
也知楚令尹令尹屈建若敬行其禮道之以文辭以靖諸侯兵可以
弭為二十七年晉楚盟于宋傳道音導○楚薳子馮卒屈建為令尹屈建子木屈蕩為
莫敖代屈建宣十二年邲之役楚有屈蕩為左廣之右世本屈蕩屈建之祖父今此屈蕩與之同姓名邲扶必切廣古曠
切舒鳩人卒叛前年辭不叛楚令尹子木伐之及離城離城舒鳩城吳
人救之子木遽以右師先先至舒鳩遽其據切子彊息桓子捷子駢子孟
師左師以退五人不及子木與吳相遇而退捷在接切駢蒲賢切又蒲丁切孟音于吳人居其間
七日居楚兩軍之間子彊曰久將墊隘隘乃禽也不如速戰墊隘慮水雨墊丁念
切方言云下也隘於懈切請以其私卒誘之簡師陳以待我簡閱精兵駐後為陳卒子忽切
下同陳直覲切駐張住切我克則進奔則亦視之視其形勢而救助之乃可以免不然
必為吳禽從之五人以其私卒先擊吳師吳師奔登山以望見
楚師不繼復逐之傅諸其軍吳還逐五子至其本軍復扶又切傅音附簡師會之吳

師大敗遂圍舒鳩舒鳩潰八月楚滅舒鳩五子既敗吳師遂前及子
木共圍滅舒鳩潰戶內切○衛獻公入于夷儀為下自夷儀與寧喜言張本○鄭子產
獻捷于晉獻入陳之功而不獻其俘戎服將事戎服軍旅之衣異於朝服晉人問陳之罪
對曰昔虞閼父為周陶正以服事我先王閼父舜之後當周之興閼父為武王陶正
閼於葛切我先王賴其利器用也與其神明之後也舜聖故謂之神明庸以
元女大姬配胡公庸用也元女武王之長女胡公閼父之子滿也大音泰配亦作妃音配長丁丈切而
封諸陳以備三恪周得天下封夏殷二王後又封舜後謂之恪并二王後為三國其禮轉降示敬而已故曰
三恪恪苦洛切則我周之自出至于今是賴言陳周之甥至今賴周德桓公之亂蔡
人欲立其出陳桓公鮑卒於是陳亂事在桓五年蔡出桓公之子厲公也我先君莊公奉五
父而立之五父佗桓公弟殺大子免而代之鄭莊公因就定其位佗徒河切蔡人殺之欲立其出故
我又與蔡人奉戴厲公奉戴猶奉事至於莊宣皆我之自立陳莊公宣公皆
厲公子夏氏之亂成公播蕩又我之自入君所知也播蕩流移失所宣十一年
陳夏徵舒弒靈公靈公之子成公奔晉自晉因鄭而入也夏戶雅切播補賀切今陳忘周之大德蔑我

大惠棄我姻親介恃楚衆以馮陵我敝邑不可億逞（億度也逞盡也〔介〕音
戒〔憑〕皮冰切〔億〕於力切〔逞〕勑景切〔度〕待洛切）我是以有往年之告（謂鄭伯稽首告晉請伐陳）未獲
成命（未得伐陳命）則有我東門之役（前年陳從楚伐鄭東門）當陳隧者井堙木
刊敝邑大懼不競而恥大姬（上屬大姬之靈）天誘其衷啓敝邑心（啓開也開
道其心故得勝〔衷〕音忠〔道〕音導）陳知其罪授手于我用敢獻功晉人曰何故侵
小對曰先王之命唯罪所在各致其辟（辟誅也〔辟〕婢亦切）且昔天子之
地一圻（方千里〔圻〕音祈）列國一同（方百里）自是以衰（衰差降〔衰〕初危切）今大國多
數圻矣若無侵小何以至焉晉人曰何故戎服對曰我先君武
莊爲平桓卿士（鄭武公莊公爲周平王桓王卿士〔數〕色主切下甲兵數疆潦各并注同）城濮之役
文公布命曰各復舊職（晉文公〔濮〕音卜）命我文公戎服輔王以授楚捷
不敢廢王命故也（城濮在僖二十八年）士莊伯不能詰（士莊伯士弱也〔詰〕起吉切）復於
趙文子文子曰其辭順犯順不祥乃受之冬十月子展相鄭伯
如晉拜陳之功（謝晉受其功〔相〕息亮切）子西復伐陳陳及鄭平（前雖入陳服之而已）

八　左十七　十四

（故更伐以結成）仲尼曰志有之（志古書）言以足志文以足言（足猶成也〔足〕將住切又如
字）不言誰知其志言之無文行而不遠（雖得行猶不能及遠）晉爲伯鄭入
陳非文辭不爲功愼辭哉（樞機之發榮辱之主）○楚蔿掩爲司馬（蔿子馮之子）
子木使庀賦（庀治〔庀〕音秘）數甲兵（閱數之）甲午蔿掩書土田（書土地之所宜）度
山林（度量山林之材以共國用〔度〕待洛切下同〔共〕音恭）鳩藪澤（鳩聚也聚成藪澤使民不得焚燎壞之欲以備
田獵之〔藪〕素口切〔燎〕力召切〔處〕昌慮切）辨京陵（辨別也絶高曰京大阜曰陵別之以爲冢墓之地〔別〕彼列切）表
淳鹵（淳鹵埆薄之地表異輕其賦稅〔淳〕音純〔鹵〕音魯說文云鹵西方鹹地也〔埆〕音學）數疆潦（疆界有流潦者計數
減其租入〔疆〕居良切賈其兩切〔潦〕音老）規偃豬（偃豬下濕之地規度其受水多少〔偃〕於建切又如字〔豬〕陟魚切尚書
傳云停水曰豬）町原防（廣平曰原防隄也隄防間地不得方正如井田別爲小頃町〔町〕徒頂切〔隄〕丁兮切〔頃〕苦頴切）
牧隰皋（隰皋水崖下濕爲芻牧之地〔牧〕州牧之牧）井衍沃（衍沃平美之地則如周禮制以爲井田六尺爲步步
百爲畝畝百爲夫九夫爲井〔衍〕以善切衍沃下平曰衍有溉曰沃）量入脩賦（量九土之所入而治理其賦稅〔量〕音
良又音亮）賦車籍馬（籍疏其毛色歲齒以備軍用）賦車兵（車兵甲士）徒兵（步卒〔卒〕子忽切）甲楯
之數（使器仗有常數〔楯〕食準切又音尹〔仗〕直亮切）既成以授子木禮也（得治國之禮傳言楚之所

以與○十二月吳子諸樊伐楚以報舟師之役（舟師在二十四年也）門于巢（攻巢門）巢牛臣曰吳王勇而輕若啓之將親門（啓開門（輕）遣政切）我獲射之必殪（殪死也（射）食亦切（殪）於計切）是君也死疆其少安從之吳子門焉牛臣隱於短牆以射之卒（（疆）居良切）○楚子以滅舒鳩賞子木辭曰先大夫蔿子之功也以與蔿掩（往年楚子將伐舒鳩蔿子馮請退師以須其叛楚子從之卒獲舒鳩故子木辭賞以與其子）○晉程鄭卒子產始知然明（前年然明謂程鄭將死今如其言故知之）問爲政焉對曰視民如子見不仁者誅之如鷹鸇之逐鳥雀也子產喜以語子大叔且曰他日吾見蔑之面而已（蔑然明名（鷹）於陵切徐居延切（語）魚據切）今吾見其心矣子大叔問政於子產子產曰政如農功日夜思之思其始而成其終朝夕而行之行無越思（思而後行（朝）（夕）如字）如農之有畔（言有次）其過鮮矣○衛獻公自夷儀使與甯喜言（求復國也）甯喜許之大叔文子聞之（大叔儀也）曰烏乎詩所謂我躬不說皇恤我後者甯子可謂不恤其後矣（皇暇也詩小雅言今我不能自容說何暇念其後乎謂甯子必身受禍不得恤其後也（說）音悅詩作閱容也）將可乎哉殆必不可君子之行思其終也（思使終可成）思其復也（思其可復行）書曰愼始而敬終終以不困（逸書）詩曰夙夜匪懈以事一人（一人以喻君（懈）佳賣切）今甯子視君不如弈棋（弈圍棋也（弈）音亦（棋）音其）其何以免乎弈者舉棋不定不勝其耦而況置君而弗定乎必不免矣九世之卿族一舉而滅之可哀也哉（甯氏出自衛武公及喜九世也）

春秋左氏傳卷第十七

春秋經傳集解襄五第十八　杜氏　盡二十八年

傳會于夷儀之歲齊人城郟在二十四年不直言會夷儀者別二十五年夷儀會傳此傳本爲後年修成當續前卷二十五年之傳後簡編爛脫後人傳寫因以在此耳郟古洽切別彼列切其五月秦晉爲成晉韓起如秦涖盟秦伯車如晉涖盟伯車秦伯之弟鍼也涖音利又音類車音居鍼其廉切成而不結不結固也傳爲後年修成起本當繼前年之末而特跳此者傳寫失之爲于僞切跳直彫切傳直專切一本作轉

經二十有六年春王二月辛卯衞甯喜弑其君剽剽匹妙切○衞孫林父入于戚以叛衎雖未居位林父專邑背國猶爲叛也背音佩○甲午衞侯衎復歸于衞復其位曰復歸名與不名傳無義例○夏晉侯使荀吳來聘吳荀偃子○公會晉人鄭良霄宋人曹人于澶淵卿會公侯皆應貶方責宋向戍後期故書良霄以駮之君皆稱人則嫌向戍直以會公貶之澶市延切駮邦角切○秋宋公殺其世子痤稱君以殺惡其父子相殘害痤才禾切惡烏路切○晉人執衞甯喜○八月壬午許男甯卒于楚未同盟而赴以名○冬楚子蔡侯陳侯伐鄭○葬許靈公

傳二十六年春秦伯之弟鍼如晉脩成脩會夷儀歲之成叔向命召行人子貟欲使荅秦命貟音云行人子朱曰朱也當御御進也言次當行三云叔向不應子朱怒曰班爵同同爲大夫應對之應何以黜朱於朝黜退也撫劍從之從叔向也叔向曰秦晉不和久矣今日之事幸而集集成晉國賴之不集三軍暴骨子貟道二國之言無私子常易之姦以事君者吾所能御也拂衣從之拂衣褰裳也暴蒲卜切徐扶沃切道音導御魚呂切拂芳弗切褰起虔切本或作騫音雖同非也說文云褰袴也人救之平公曰晉其庶乎庶幾於治治直吏切吾臣之所爭者大師曠曰公室懼卑臣不心競而力爭謂二子不心競爲忠而撫劍拂衣爭爭鬭之爭不務德而爭善爭謂所行爲善私欲已侈能無卑乎私欲侈則公義廢侈昌氏切又尺氏切○衞獻公使子鮮爲復使爲己求反國鮮音仙爲于僞切辭辭不能敬姒強命之敬姒獻公及子鮮之母姒音似強其丈切對曰君無信臣懼不免敬姒曰雖然以吾故也許諾初獻公使與甯喜言言復國甯喜曰必子鮮在

不然必敗子鮮賢國人信之必欲使在其間故公使子鮮子鮮不獲命於敬姒
不得止命以公命與甯喜言曰苟反政由甯氏祭則寡人甯喜告蘧
伯玉伯玉曰瑗不得聞君之出敢聞其入十四年孫氏欲逐獻公瑗走從近關出蘧
其居切瑗于眷切又于萬切遂行從近關出告右宰穀衛大夫右宰穀曰不可
獲罪於兩君前出獻公今弒剽申志切天下誰畜之畜猶容也畜許六切又勑六切悼子
曰吾受命於先人不可以貳悼子甯喜也受命在二十年穀曰我請使焉而
觀之觀知可還否使所吏切還音旋遂見公於夷儀反曰君淹恤在外十二年
矣淹久也見賢遍切又如字淹於廉切徐於嚴切而無憂色亦無寬言猶夫人也言其為人
猶如故夫音扶若不已死無日矣已止也悼子曰子鮮在右宰穀曰子鮮
在何益多而能亡於我何為言子鮮為義多不過亡出悼子曰雖然弗可以
已孫文子在戚孫嘉聘於齊孫襄居守二子孫文子之子守手又切二月庚
寅甯喜右宰穀伐孫氏不克伯國傷伯國孫襄也父兄皆不在故乘弱攻之甯子
出舍於郊欲奔伯國死孫氏夜哭國人召甯子甯子復攻孫氏克

之辛卯殺子叔及大子角子叔衛侯剽言子叔剽無謚故復扶又切下復愬同書曰甯喜
弒其君剽言罪之在甯氏也嫌受父命納舊君無罪故發之孫林父以戚如
晉以邑屬晉書曰入于戚以叛罪孫氏也臣之祿君實有之義則進
否則奉身而退專祿以周旋戮也林父事剽而衎入義可以退唯以專邑自隨為罪故傳發
之甲午衛侯入書曰復歸國納之也本晉納之夷儀今從夷儀入國嫌若晉所納故
發國納之例言國之所納而復其位大夫逆於竟者執其手而與之言道逆者自
車揖之逆於門者頷之而已頷摇其頭言衎驕心易生竟音境頷戶感切易以豉切公至
使讓大叔文子曰寡人淹恤在外二三子皆使寡人朝夕聞衛
國之言二三子諸大夫大音泰朝如字吾子獨不在寡人在存問之公聞文子荅甯喜之言故忿之
古人有言曰非所怨勿怨寡人怨矣所怨在親暱對曰臣知罪矣臣
不佞不能負羈絏以從扞牧圉臣之罪一也有出者有居者出謂
衎居謂剽也羈居宜切絏息列切扞戶幹切圉魚呂切臣不能貳通外內之言以事君臣
之罪二也有二罪敢忘其死乃行從近關出公使止之傳言衛侯不能

安和大臣○衛人侵戚東鄙以林父叛故孫氏愬于晉晉戍茅氏茅氏戚東鄙愬
悉路切下同殖綽伐茅氏殺晉戍三百人殖綽齊人今來在衛孫蒯追之弗敢
擊文子曰厲之不如厲惡鬼也遂從衛師敗之圉蒯感父言更還逐殖綽圉衛地雍
鉏獲殖綽雍鉏孫氏臣復愬于晉為下晉討衛張本○鄭伯賞入陳之功入陳
在前年三月甲寅朔享子展賜之先路三命之服先路大路皆王所賜車之揔名
蓋請之於王路本亦作輅音路先八邑以路及命服為邑先八邑三十二井先徐悉薦切下同或如字賜子產
次路再命之服先六邑子產辭邑曰自上以下隆殺以兩禮也
臣之位在四上卿子展次卿子西十一年良霄見經十九年乃立子產為卿故位在四殺所界切見賢遍切且
子展之功也臣不敢及賞禮請辭邑賞禮以禮見賞謂六邑也公固予之乃
受三邑位次當受二邑以公固與之故受三邑公孫揮曰子產其將知政矣知國政
讓不失禮○晉人為孫氏故召諸侯將以討衛也夏中行穆子
來聘召公也召公為澶淵會為于偽切○楚子秦人侵吳及雩婁聞吳有備
而還雩婁縣今長安豐郡雩音于徐況于切如淳同韋昭音虛或一呼切婁如字徐力俱切如淳音樓遂侵鄭五

月至于城麇鄭皇頡戍之皇頡鄭大夫守城麇之邑麇九倫切頡戶結切出與楚師戰
敗穿封戌囚皇頡公子圍與之爭之公子圍共王子靈王也爭音恤正於伯州
犁正曲直也伯州犁曰請問於囚乃立囚伯州犁曰所爭君子也其
何不知言王子圍及穿封戌皆非細人易別識也易以豉切別彼列切上其手曰夫子為王子
圍寡君之貴介弟也介大也上時掌切下同介音界下其手曰此子為穿封戌
方城外之縣尹也誰獲子上下手以道囚意道音導囚曰頡遇王子弱焉弱敗
也言為王子所得戌怒抽戈逐王子圍弗及楚人以皇頡歸印菫父與
皇頡戍城麇印菫父鄭大夫抽勑留切印一刃切菫音謹楚人囚之以獻於秦鄭人
取貨於印氏以請之子大叔為令正主作辭令之正以為請子產曰不
獲謂大叔辭以貨請菫父必不得為于偽切又如字受楚之功而取貨於鄭不可謂國
秦不其然受楚獻功大名也以貨免之小利故謂秦不爾若曰拜君之勤鄭國微君之
惠楚師其猶在敝邑之城下其可辭如此菫父可得弗從遂行秦人不
予更幣從子產而後獲之更遣使執幣用子產辭乃得菫父傳稱子產之善使所吏切○六

月公會晉趙武宋向戌鄭良霄曹人于澶淵以討衛疆戚田正戚
之封疆(疆)居良切取衛西鄙懿氏六十以與孫氏戚城西北五十里有懿城因姓以名城取
田六十井也趙武不書尊公也罪武會公侯向戌不書後也後會期鄭先宋
不失所也如其至於是衛侯會之晉將執之不得與會故不書(與)音預晉人執甯喜
北宮遺使女齊以先歸討其弒君伐孫氏也遺北宮括之子女齊司馬侯歸晉而後告諸侯故經書在
秋(女)音汝衛侯如晉晉人執而囚之於士弱氏士弱晉主獄大夫秋七月齊
侯鄭伯為衛侯故如晉欲共請之(爲)于僞切下爲臣注爲林父爲臣皆同晉侯兼享之
晉侯賦嘉樂嘉樂詩大雅取其嘉樂君子顯顯令德宜民宜人受祿于天(嘉)戶嫁切注同國景子相
齊侯景子國弱(相)息亮切下同賦蓼蕭蓼蕭詩小雅言大平澤及遠若露之在蕭以喻晉君恩澤及諸侯(蓼)音六
(大)音泰子展相鄭伯賦緇衣緇衣詩鄭風義取適子之館兮還予授子之粲兮言不敢違遠於晉(緇)側
其切(粲)七且切(遠)于萬切叔向命晉侯拜二君曰寡君敢拜齊君之安我先君
之宗祧也敢拜鄭君之不貳也蓼蕭緇衣二詩所稱各不同故拜二君辭異(稱)尺證切國
子使晏平仲私於叔向私與叔向語曰晉君宣其明德於諸侯恤其

患而補其闕正其違而治其煩所以為盟主也今為臣執君若
之何謂晉為林父執衛侯叔向告趙文子文子以告晉侯晉侯言衛侯之
罪使叔向告二君言自以殺晉戍三百人為罪不以林父故國子賦轡之柔矣逸詩見周
書義取寬政以安諸侯若柔轡之御剛馬(見)賢遍切子展賦將仲子兮將仲子詩鄭風義取衆言可畏衛侯
雖別有罪而衆人猶謂晉為臣執君(將)七羊切本亦無兮字此依詩序晉侯乃許歸衛侯叔向曰
鄭七穆罕氏其後亡者也子展儉而壹子展鄭子罕之子居身儉而用心壹鄭穆公十
一子子然二子孔三族已亡子羽不為卿故唯言七穆謂子展公孫舍之罕氏也子西公孫夏駟氏也子產公孫僑國
氏也伯有良霄良氏也子大叔游吉游氏也子石公孫段豐氏也伯石印段印氏也穆公十一子謂子良公子去疾也子罕公
子喜也子駟公子騑也子國公子發也子孔公子嘉也子游公子偃也子豐也子印也子羽也子然也士子孔也子然二子孔已
亡子羽不為卿故止七也○初宋芮司徒生女子芮司徒宋大夫(芮)如銳切赤而毛棄諸
堤下共姬之妾取以入共姬宋伯姬也(堤)亦作隄徐丁兮切沈直兮切(共)音恭名之曰棄
長而美平公入夕平公共姬子也(長)丁丈切共姬與之食公見棄也而視之
尤尤甚也姬納諸御嬖生佐佐元公惡而婉佐貌惡而心順(婉)於阮切大子痤美

而很（貌美而心很戾 很胡懇切）合左師畏而惡之（合左師向戌 惡烏路切下皆同）寺人惠牆伊戾爲大子內師而無寵（惠牆氏伊戾名 牆或作廧音牆 戾力計切）秋楚客聘於晉過宋（上已有秋復發傳者中間有初不言秋則嫌楚客過在他年 復扶又切）大子知之請野享之公使往伊戾請從之公曰夫不惡女乎（夫謂大子也 夫音扶注同 女音汝）對曰小人之事君子也惡之不敢遠好之不敢近敬以待命敢有貳心乎縱有共其外莫共其內（伊戾爲大子內師不行恐內侍廢闕 遠于萬切 好呼報切 近附近之近 共音恭本又作供）臣請往也遣之至則欿用牲加書徵之（詩作盟獻於大子尺徵驗也 欿口感切 [illegible]目慮切）而騁告公（騁馳也 騁勑景切）曰大子將爲亂既與楚客盟矣公曰爲我子又何求對曰欲速（言欲速得公位）公使視之則信有焉（有盟徵焉）問諸夫人與左師（夫人佐母棄也）則皆曰固聞之公囚大子大子曰唯佐也能免我（以其婉也）召而使請曰日中不來吾知死矣左師聞之聒而與之語（聒讙也欲使佐失期 聒古活切 讙呼端切）過期乃縊而死佐爲大子公徐聞其無罪也乃亨伊戾左師見夫人之步馬者（步馬習馬 縊一賜切 亨普彭切）問之對曰君夫人氏也左師曰誰爲君夫人余胡弗知圉人歸以告夫人夫人使饋之錦與馬先之以王（以玉爲錦馬之先 饋其位切 先悉薦切又如字）曰君之妾棄使某獻左師改命曰君夫人而後再拜稽首受之（左師今使者改命也傳言宋公闇左師諛大子所以無罪而死 令力呈切 使所吏切下使同 諛羊朱切）

○鄭伯歸自晉（請衛侯歸）使子西如晉聘辭曰寡君來煩執事懼不免於戾（言自懼失敬於大國而得罪）使夏謝不敏（夏子西名 夏戶雅切）君子曰善事大國（將求於人必先下之言鄭所以能自安 下遐嫁切）

○初楚伍參與蔡太師子朝友其子伍舉與聲子相善也（聲子子朝之子伍舉子胥祖父椒舉也 朝如字）伍舉娶於王子牟王子牟爲申公而亡（獲罪出奔 娶七住切 牟亡侯切 爲如字舊于僞切）楚人曰伍舉實送之伍舉奔鄭將遂奔晉聲子將如晉遇之於鄭郊班荊相與食而言復故（班布也布荊坐地共議歸楚事朋友世親）聲子曰子行也吾必復子及宋向戌將平晉楚（平在明年）聲子通使於晉（爲國通平事 爲于僞切）還如楚令尹子木與之語問晉故焉（故事）且曰晉大夫與楚孰賢對曰晉

卿不如楚其大夫則賢皆卿材也如杞梓皮革自楚往也杞梓皆木
名杞音起梓音子雖楚有材晉實用之言楚亡臣多在晉子木曰夫獨無族姻
乎夫謂晉對曰雖有而用楚材實多歸生聞之歸生聲子名善為國者
賞不僭而刑不濫賞僭則懼及淫人刑濫則懼及善人若不幸
而過寧僭無濫與其失善寧其利淫無善人則國從之從之亡也僭子
念切下皆同濫力暫切詩曰人之云亡邦國殄瘁無善人之謂也詩大雅殄盡也
瘁病也殄徒典切瘁在醉切故夏書曰與其殺不辜寧失不經懼失善也逸書
也不經不常法商頌有之曰不僭不濫不敢怠皇命于下國封建厥
福詩商頌言殷湯賞不僭刑不濫不敢怠解自寬暇故能為下國所命為天子解佳賣切此湯所以獲
天福也古之治民者勸賞而畏刑樂行賞而憚用刑恤民不倦賞以春
夏刑以秋冬順天時是以將賞為之加膳加膳則飫賜飫饜也酒食賜下無
不饜足所謂加膳也為于僞切下為之同飫於據切饜一本亦作厭於豔切此以知其勸賞也將刑
為之不舉不舉則徹樂不舉盛饌饌士眷切此以知其畏刑也夙興夜寐
朝夕臨政此以知其恤民也三者禮之大節也有禮無敗今楚
多淫刑其大夫逃死於四方而為之謀主以害楚國不可救療
所謂不能也療治也所謂楚人不能用其材也能如字療力召切子儀之亂析公奔晉在文
十四年析星歷切晉人寘諸戎車之殿以為謀主殿後軍寘之豉切殿多練切繞角
之役晉將遁矣析公曰楚師輕窕易震蕩也若多鼓鈞聲以夜
軍之鈞同其聲遁徒困切窕勑堯切又通甲切易以豉切鈞音均徐居旬切楚師必遁晉人從之
楚師宵潰晉遂侵蔡襲沈獲其君敗申息之師於桑隧獲申麗
而還成六年晉欒書救鄭與楚師遇於繞角楚師還晉侵沈獲沈子八年復侵楚敗申息獲申麗潰戶內切隧音遂麗力
馳切復扶又切鄭於是不敢南面楚失華夏則析公之為也雍子之父
兄譖雍子君與大夫不善是也不是其曲直夏戶雅切雍子奔晉晉人與
之鄐鄐晉邑鄐許六切徐超六切以為謀主彭城之役晉楚遇於靡角之谷
在成十八年晉將遁矣雍子發命於軍曰歸老幼反孤疾二人役歸
一人簡兵蒐乘簡擇蒐閱蒐所留切乘繩證切閱音悅秣馬蓐食師陳焚次次舍也焚

舍示必死秣音末蓐音辱陳直覲切明日將戰行歸者而逸楚囚欲使楚知之楚師宵
潰晉降彭城而歸諸宋以魚石歸在元年降戶江切楚失東夷子辛死
之則雍子之爲也楚東小國及陳見楚不能救彭城皆叛五年楚人討陳叛故殺令尹子辛子反與
子靈爭夏姬子靈巫臣而雍害其事子反亦欲害巫臣不使得取夏姬雍於勇切子靈奔
晉晉人與之邢邢晉邑邢音刑以爲謀主扞禦北狄通吳於晉教吳叛
楚教之乘車射御驅侵使其子狐庸爲吳行人焉吳於是伐巢
取駕克棘入州來駕棘皆楚邑譙國酇縣東北有棘亭譙在遇切酇才多切又子旦切或作贊楚罷
於奔命至今爲患則子靈之爲也事見成七年罷音皮見賢遍切若敖之亂伯
賁之子賁皇奔晉晉人與之苗若敖亂在宣四年苗晉邑賁扶云切下同以爲謀主
鄢陵之役在成十六年鄢音偃楚晨壓晉軍而陳晉將遁矣苗賁皇曰楚
師之良在其中軍王族而已言楚之精卒唯在中軍壓本又作厭於甲切徐於輒切陳直覲切下
成陳并注同卒子忽切若塞井夷竈成陳以當之塞井夷竈以爲陳欒范易行以
誘之欒書時將中軍范燮佐之易行謂簡易兵備欲令楚貪己不復顧二穆之兵易以豉切下易成同賈音亦行戶郎切

下同賈音衡令力呈切下同復扶又切下復任同中行二郤必克二穆郤錡時將上軍中行偃佐之郤
至佐新軍令此三人分良以攻二穆之兵楚子重子辛皆出穆王故曰二穆錡魚綺切吾乃四萃於其王
族必大敗之四萃四面集攻之萃在醉切晉人從之楚師大敗王夷師熸夷傷
也吳楚之間謂火滅爲熸熸音尖子反死之鄭叛吳興楚失諸侯則苗賁皇之
爲也子木曰是皆然矣聲子曰今又有甚於此椒舉娶於申公
子牟子牟得戾而亡君大夫謂椒舉女實遣之懼而奔鄭引領
南望曰庶幾赦余亦弗圖也言楚亦不以爲意娶本又作取七住切女音汝今在晉矣
晉人將與之縣以比叔向以舉材能比叔向彼若謀害楚國豈不爲患
子木懼言諸王益其祿爵而復之聲子使椒鳴逆之椒鳴伍舉子傳言聲
子有辭伍舉所以得反子孫復仕於楚○許靈公如楚請伐鄭十六年晉伐許他國皆大夫獨鄭伯
自行故許志欲報之恚一睡切曰師不興孤不歸矣八月卒于楚楚子曰不伐
鄭何以求諸侯冬十月楚子伐鄭爲許爲于僞切下爲國同鄭人將禦之子
產曰晉楚將平諸侯將和和在明年楚王是故昧於一來昧猶貪冒昧音妹冒

云報切又云北切不如使逞而歸乃易成也逞快也夫小人之性釁於勇
嗇於禍以足其性而求名焉者非國家之利也若何從之釁動也嗇
貪也言鄭之欲與楚戰者皆釁勇貪名之人非能為國計慮久利不可從也釁許覲切兕子侄切又如字子展說不
禦寇十二月乙酉入南里墮其城南里鄭邑說音悅下注同禦魚呂切墮許規切涉於
樂氏樂氏津名門于師之梁鄭城門縣門發獲九人焉涉於氾而歸於氾
城下涉汝水南歸縣音玄氾音凡徐扶嚴切而後葬許靈公卒靈公之志而後葬之○衛人歸
衛姬于晉乃釋衛侯衛侯以女說晉而後得免君子是以知平公之失政也
傳言晉之衰○晉韓宣子聘于周王使請事問何事來聘對曰晉士起將
歸時事於宰旅無他事矣起宣子名禮諸侯大夫入天子國稱士時事四時貢職宰旅家宰之下士
言獻職貢於宰旅不敢斥尊王聞之曰韓氏其昌阜於晉乎辭不失舊阜大也傳
言周襄諸侯莫能如禮唯韓起不失舊○齊人城郟之歲在二十四年其夏齊烏餘以
廩丘奔晉烏餘齊大夫廩丘今東郡廩丘縣故城是廩力甚切襲衛羊角取之今廩丘縣所治羊角
城是治直吏切遂襲我高魚高魚城在廩丘縣東北有大雨自其竇入雨故水竇開竇音豆
介于其庫入高魚庫而介其甲介音界以登其城克而取之取魯高魚無所諱而不書其義未聞
又取邑于宋於是范宣子卒宣子范匄諸侯弗能治也及趙文子為
政乃卒治之文子言於晉侯曰晉為盟主諸侯或相侵也則討
而使歸其地今烏餘之邑皆討類也言於比類宜見討比必利切而貪之是
無以為盟主也請歸之公曰諾孰可使也對曰胥梁帶能無用
師晉侯使往胥梁帶晉大夫能無用師言有權謀
經二十有七年春齊侯使慶封來聘景公即位通嗣君也○夏叔孫豹會
晉趙武楚屈建蔡公孫歸生衛石惡陳孔奐鄭良霄許人曹人
于宋案傳會者十四國齊秦不交相見邾滕為私屬皆不與盟宋為主人地於宋則與盟可知故經唯序九國大夫楚先
晉歃而書先晉貴信也陳于晉會常在衛上孔奐非上卿故在石惡下奐呼亂切與音預下同先悉薦切又如字歃所洽切又
所甲切○衛殺其大夫甯喜甯喜弒剽立衎衎今雖不以弒剽致討於大義宜追討之故經以國討為
文書名也書在宋會下從赴○衛侯之弟鱄出奔晉衛侯始者云政由甯氏祭則寡人而今復患其
專緩荅免餘既負其前信且不能友于賢弟使至出奔故書弟以罪兄鱄市轉切又音專復扶又切○秋七月辛

巳豹及諸侯之大夫盟于宋夏會之大夫也豹不倚順以顯弱命之君而辨小是以自從故以違
命取之釋例論之備矣㊂於綺切○冬十有二月乙卯朔日有食之今長曆推十一月朔
非十二月傳曰辰在申再失閏若是十二月則爲三失閏故知經誤
傳二十七年春胥梁帶使諸喪邑者具車徒以受地必周諸喪邑謂
齊魯宋也周密也必密來勿以受地爲名㊀喪息浪切使烏餘具車徒以受封烏餘以地來故詐許封之
烏餘以其衆出出受封也使諸侯僞效烏餘之封者效致也使齊魯宋僞若致邑封
烏餘者而遂執之盡獲之皆獲其徒衆皆取其邑而歸諸侯諸侯是以
睦於晉傳言趙文子賢故平公雖失政而諸侯猶睦○齊慶封來聘其車美孟孫謂
叔孫曰慶季之車不亦美乎季慶封字叔孫曰豹聞之服美不稱必
以惡終美車何爲叔孫與慶封食不敬爲賦相鼠亦不知也相鼠
詩鄘風曰相鼠有皮人而無儀人而無儀不死何爲慶封不知此詩爲已言其闇甚爲明年慶封來奔傳㊀稱尺證切㊀爲于僞切
㊀相息亮切鄘音容○衛甯喜專公患之公孫免餘請殺之免餘大夫衛公臧
微甯子不及此及此反國也吾與之言矣言政由甯氏事未可知恐我之未必勝

祇成惡名止也祇適也㊀祇音支對曰臣殺之君勿與知乃與公孫無地
公孫臣謀二公孫衛大夫上㊀與音預使攻甯氏弗克皆死無他及臣皆死公曰臣也
無罪父子死余矣獻公出時公孫臣之父爲孫氏所殺夏免餘復攻甯氏殺甯喜
及右宰穀尸諸朝穀不書非卿也㊀復扶又切石惡將會宋之盟受命而出衣
其尸枕之股而哭之欲斂以亡懼不免且曰受命矣乃行行會于宋
爲明年石惡奔傳㊀衣於既切㊀枕之鴆切㊀斂力驗切子鮮曰逐我者出謂孫林父納我者死謂甯
喜㊀納本又作內音納賞罰無章何以沮勸君失其信而國無刑不亦難乎
難以治國㊀沮在呂切且鱄實使之使甯喜納君遂出奔晉公使止之不可不肯留
及河又使止之止使者而盟於河誓不還㊀使所吏切託於木門木門晉邑不
鄉衛國而坐怨之深也㊀鄉許亮切本亦作嚮木門大夫勸之仕不可曰仕而廢
其事罪也從之昭吾所以出也將誰愬乎從之謂治其事也事治則明己出欲仕無
所自愬㊀愬悉路切吾不可以立於人之朝矣終身不仕自誓不仕終身公喪之
如稅服終身稅即總也喪服總縗裳細而希非五服之常本無月數痛愍子鮮故特爲此服此服無月數而獻

（公孫蠆故言終身〔喪〕息郎切又息浪切〔税〕徐云讀曰繐音歲服音吐外切〔縗〕亦作衰音七雷切）公與免餘邑六十，辭曰：唯卿備百邑，臣六十矣。下有上祿，亂也。（此一乘之邑，非四井之邑，論語稱千室，又云十室，明通稱〔乘〕繩證切〔稱〕尺證切）臣弗敢聞。且甯子唯多邑，故死，臣懼死之速及也。公固與之，受其半，以爲少師。公使爲卿，辭曰：大叔儀不貳，能贊大事，（贊佐也〔少〕詩照切）君其命之。乃使文子爲卿。（文子大叔儀）○

宋向戌善於趙文子，又善於令尹子木，欲弭諸侯之兵以爲名。（欲獲息民之名〔弭〕徐武婢切）如晉，告趙孟。趙孟謀於諸大夫，韓宣子曰：兵，民之殘也，財用之蠹，（蠹害物之蟲〔蠹〕本又作蠧丁故切）小國之大菑也。將或弭之，雖曰不可，必將許之。（言雖知兵不得久弭，今不可不許〔菑〕音災）弗許，楚將許之，以召諸侯，則我失爲盟主矣。晉人許之。如楚，楚亦許之。如齊，齊人難之。陳文子曰：晉楚許之，我焉得已？且人曰弭兵，而我弗許，則固攜吾民矣，將焉用之？齊人許之。告於秦，秦亦許之。皆告於小國，爲會於宋。五月甲辰，晉趙武至於宋。丙午，鄭良霄至。六月丁未

朔，宋人享趙文子，叔向爲介。司馬置折俎，禮也。（折俎，體解節折，升之於俎，合卿享宴之禮，故曰禮也。周禮司馬掌會同之事〔難〕乃旦切下懼難同〔焉〕於虔切下焉用焉能皆同〔介〕音界〔折〕之設切徐音制〔俎〕莊呂切）仲尼使舉是禮也，以爲多文辭。（宋向戌自美弭兵之意，敬逆趙武，趙武叔向因享宴之會，展賓主之辭，故仲尼以爲多文辭，使舉是禮也。沈云舉謂記錄之也）戊申，叔孫豹、齊慶封、陳須無、衛石惡至。（須無，陳文子）甲寅，晉荀盈從趙武至。（趙武命盈追己，故言從趙武。後武遣盈如楚）丙辰，邾悼公至。（小國故君自來）壬戌，楚公子黑肱先至，成言於晉。（時令尹子木止陳，遣黑肱就晉大夫成盟載之言，兩相然可〔肱〕古弘切）丁卯，宋向戌如陳，從子木成言於楚。（就於陳成楚之要言）戊辰，滕成公至。（亦小國君自來）子木謂向戌，請晉楚之從交相見也。（使諸侯從晉楚者更相朝見〔更〕音庚〔見〕賢遍切）庚午，向戌復於趙孟。趙孟曰：晉、楚、齊、秦，匹也。晉之不能於齊，猶楚之不能於秦也。（不能服而使之）楚君若能使秦君辱於敝邑，寡君敢不固請於齊？（請齊使朝楚）壬申，左師復言於子木，子木使馹謁諸王。（馹傳也，謁告也〔馹〕人實切〔傳〕陟戀切）王曰：釋齊秦，他國請相見也。（經所以不書齊秦）秋七月戊寅，左師至。（從陳還）是

夜也趙孟及子晳盟以齊言子晳公子黑肱素要齊其辭至盟時不得復訟爭晳星歷切復扶又切庚辰子木至自陳陳孔奐蔡公孫歸生至二國大夫與子木俱至曹許之大夫皆至以藩爲軍示不相忌藩方元切晉楚各處其偏晉處北楚處南伯夙謂趙孟伯夙荀盈曰楚氛甚惡懼難氛氣也言楚有襲晉之氣氛芳云切徐扶云切趙孟曰吾左還入於宋若我何營在宋北東頭爲上故晉營在東有急可左迴入宋東門辛巳將盟於宋西門之外楚人衷甲甲在衣中欲因會擊晉衷音忠徐丁仲切伯州犁曰合諸侯之師以爲不信無乃不可乎夫諸侯望信於楚是以來服若不信是棄其所以服諸侯也固請釋甲子木曰晉楚無信久矣事利而已苟得志焉焉用有信大宰退大宰伯州犁告人曰令尹將死矣不及三年求逞志而棄信志將逞乎志以發言言以出信信以立志參以定之志言信三者具而後身安存信亡何以及三爲明年子木死起本趙孟患楚衷甲以告叔向叔向曰何害也匹夫一爲不信猶不可單斃其死單盡也斃踣也單音丹斃婢世切踣蒲北切若合諸侯之卿以爲不信

必不捷矣食言者不病不病者單斃於死非子之患也楚食言當死晉不食言故無患夫以信召人而以僭濟之濟成也僭子念切不信也必莫之與也安能害我且吾因宋以守病爲楚所病則欲入宋城則夫能致死與宋致死雖倍楚可也宋爲地主致死助我則力可倍楚夫如字或音扶子何懼焉又不及是曰弭兵以召諸侯而稱兵以害我稱舉也吾庸多矣非所患也晉獨取信故其功多季武子使謂叔孫以公命曰視邾滕兩事晉楚則貢賦重故欲比小國武子恐叔孫不從其言故假公命以敦之既而齊人請邾宋人請滕皆不與盟私屬二國故與音預叔孫曰邾滕人之私也我列國也何故視之宋衛吾匹也乃盟故不書其族言違命也季孫專政於國魯君非得有命今君唯以此命告豹豹宜崇大順以顯弱命之君而遂其小是故貶之晉楚爭先爭先歃血晉人曰晉固爲諸侯盟主未有先晉者也楚人曰子言晉楚匹也若晉常先是楚弱也且晉楚狎主諸侯之盟也久矣狎更也先晉悉薦切歃如字狎戶甲切更音庚豈專在晉叔向謂趙孟曰諸侯歸晉之德只只辭只之氏切非歸其尸盟也尸主也子務德無

爭先且諸侯盟小國固必有尸盟者小國主辦具辨皮莧切楚謂晉細不亦
可乎故推使楚主盟乃先楚人書先晉晉有信也蓋孔子追正之壬午宋公兼
享晉楚之大夫趙孟爲客客一坐所尊故季孫飲大夫酒臧紇爲客坐才卧切飲於鴆切子木
與之言弗能對使叔向侍言焉子木亦不能對也乙酉宋公及
諸侯之大夫盟于蒙門之外前盟諸大夫不敢敵公禮也今宋公以近在其國故謙而重盟重盟
故不書蒙門宋城門重直用切子木問於趙孟曰范武子之德何如士會賢聞於諸侯故
問之聞音問又如字對曰夫子之家事治言於晉國無隱情其祝史陳信
於鬼神無愧辭祝陳馨香德足副之故不愧治直吏切愧九位切子木歸以語王王曰
尚矣哉尚上也語魚據切下同能歆神人歆享也使神享其祭人懷其德歆許金切宜其光輔
五君以爲盟主也五君謂文襄靈成景子木又語王曰宜晉之伯也有叔
向以佐其卿楚無以當之不可與爭晉荀盈遂如楚涖盟重結晉楚
之好好呼報切鄭伯享趙孟于垂隴自宋還過鄭隴力勇切子展伯有子西子產
子大叔二子石從二子石印段公孫段從才用切趙孟曰七子從君以寵武也

請皆賦以卒君貺武亦以觀七子之志詩以言志子展賦草蟲草蟲詩召
南曰未見君子憂心忡忡亦既見止亦既覯止我心則降以趙孟爲君子蟲直忠切召上照切忡勅忠切覯古豆切降戶江切
又如字下注同趙孟曰善哉民之主也在上不忘降故可以主民抑武也不足以當
之辭君子伯有賦鶉之賁賁鶉之賁賁詩鄘風衛人刺其君淫亂鶉鵲之不若義取人之無良我以爲
兄我以爲君也鶉順倫切賁音奔趙孟曰牀第之言不踰閾況在野乎非使人
之所得聞也第簀也此詩刺淫亂故云牀第之言閾門限使人趙孟自謂第側里切閾音域徐況逼切使所吏切
簀音責子西賦黍苗之四章黍苗詩小雅四章曰肅肅謝功召伯營之列列征師召伯成之比趙孟於
召伯趙孟曰寡君在武何能焉推善於其君子產賦隰桑隰桑詩小雅義取思見君
子盡心以事之曰既見君子其樂如何盡津忍切樂音洛下注及文至樂並同趙孟曰武請受其卒章
卒章曰心乎愛矣遐不謂矣中心藏之何日忘之趙武欲子產之見規誨子大叔賦野有蔓草野有蔓草
詩鄭風取其邂逅相遇適我願兮蔓音萬邂戶賣切逅戶逗切趙孟曰吾子之惠也大叔喜於相遇故趙
孟受其惠印段賦蟋蟀蟋蟀詩唐風曰無以大康職思其居好樂無荒良士瞿瞿言瞿瞿然顧禮儀印一刃切蟀
所律切大音泰居音據好呼報切下同瞿俱付切趙孟曰善哉保家之主也吾有望矣

能戒懼不荒所以保家公孫段賦桑扈桑扈詩小雅義取君子有禮文故能受天之祜（祜）音戶趙孟
曰匪交匪敖福將焉往此桑扈詩卒章趙孟因以取義（敖）五報切（焉）於虔切下政其焉往同若保
是言也欲辭福祿得乎卒享文子告叔向曰伯有將為戮矣詩
以言志志誣其上而公怨之以為賓榮言誣則鄭伯未有其實趙孟倡賦詩以自寵故
言公怨之以為賓榮（倡）昌亮切其能久乎幸而後亡言必先亡叔向曰然已侈所謂
不及五稔者夫子之謂矣稔年也為三十年鄭殺良霄傳（侈）昌氏切又尸氏切字林充豉切（稔）而甚
切熟也穀一熟故為一年文子曰其餘皆數世之主也子展其後亡者也在
上不忘降謂賦草蟲曰我心則降（數）所主切印氏其次也樂而不荒謂賦蟋蟀曰好樂無
荒樂以安民不淫以使之後亡不亦可乎○宋左師請賞曰請
免死之邑欲宋君稱功加厚賞故謙言免死之邑也公與之邑六十以示子罕子罕
曰凡諸侯小國晉楚所以兵威之畏而後上下慈和慈和而後
能安靖其國家以事大國所以存也無威則驕驕則亂生亂生
必滅所以亡也天生五材金木水火土也民並用之廢一不可誰能去
兵兵之設久矣所以威不軌而昭文德也聖人以興謂湯武（興）起呂切下
皆同亂人以廢謂桀紂廢興存亡昏明之術皆兵之由也而子求去
之不亦誣乎以誣道蔽諸侯罪莫大焉縱無大討而又求賞無
厭之甚也削而投之削賞左師之書（蔽）必世切徐甫世切服虔王肅董遇並作弊婢世切云踣也（厭）於鹽
切徐於廉切左師辭邑向氏欲攻司城司城子罕左師曰我將亡夫子存
我德莫大焉又可攻乎君子曰彼已之子邦之司直詩鄭風司主也（已）音
記樂喜之謂乎樂喜子罕也善其不阿向戍何以恤我我其收之逸詩恤憂也收取也
向戍之謂乎善向戍能知其過○齊崔杼生成及彊而寡偏喪曰寡寡特也（喪）息浪
切娶東郭姜生明東郭姜以孤入曰棠無咎無咎棠公之子（娶）七住切（無）本亦作
无（咎）其九切與東郭偃相崔氏東郭偃姜之弟（相）息亮切崔成有疾而廢之有惡疾也
而立明成請老于崔濟南東朝陽縣西北有崔氏城成欲居崔邑以終老（請）如字一音直遥切崔子
許之偃與無咎弗予曰崔宗邑也必在宗主宗邑宗廟所在宗主謂崔明成
與彊怒將殺之告慶封曰夫子之身亦子所知也唯無咎與偃

是從父兄莫得進矣大恐害夫子敢以告夫子謂崔杼慶封曰子姑
退吾圖之告盧蒲嫳嫳慶封屬大夫封以成彊之言告嫳〔嫳〕普結切徐敷結切盧蒲嫳曰彼
君之讎也天或者將棄彼矣彼實家亂子何病焉君爲齊莊公爲崔杼所弑
崔之薄慶之厚也崔敗則慶專權他日又告成彊復告〔復〕扶又切慶封曰苟利夫
子必去之難吾助女九月庚辰崔成崔彊殺東郭偃棠無咎於
崔氏之朝崔子怒而出其衆皆逃求人使駕不得使圉人駕寺
人御而出圉人養馬者寺人奄士〔難〕乃旦切〔女〕音汝〔圉〕魚呂切且曰崔氏有福止余猶可
恐滅家禍不止其身遂見慶封慶封曰崔慶一也言如一家是何敢然請爲子
討之使盧蒲嫳帥甲以攻崔氏崔氏堞其宮而守之堞短垣使其衆居短
垣內以守〔爲〕于僞切下注嫳爲爲齊莊同〔堞〕音牒徐養涉切弗克使國人助之遂滅崔氏殺
成與彊而盡俘其家其妻縊妻東郭姜嫳復命於崔子且御而歸之
嫳爲崔子御至則無歸矣乃縊終入於其宮不見其妻凶崔明夜辟諸大墓開先人之
冢以藏之〔辟〕婢亦切徐甫亦切辛巳崔明來奔慶封當國當國秉政○楚薳罷如晉

涖盟罷令尹子蕩報荀盈也〔罷〕音皮晉侯享之將出賦既醉既醉詩大雅曰既醉以酒既飽以德
君子萬年介爾景福以美晉侯比之太平君子也叔向曰薳氏之有後於楚國也宜哉
承君命不忘敏子蕩將知政矣敏以事君必能養民政其焉往
言政必歸之○崔氏之亂在二十五年中鮮虞來奔僕賃於野以喪莊公
爲齊莊公服喪〔賃〕女鴆切〔喪〕如字又息浪切冬楚人召之遂如楚爲右尹傳言楚能用賢○
十一月乙亥朔日有食之辰在申司歷過也再失閏矣謂斗建指申周
十一月今之九月斗當建戌而在申故知再失閏也文十一年三月甲子至今年七十一歲應有二十六閏今長歷推得二十
四閏通計少再閏釋例言之詳矣
經二十有八年春無冰前年知其再失閏頓置兩閏以應天正故此年正月建子得以無冰爲災而書
〔應〕應對之應○夏衛石惡出奔晉甯喜之黨書名惡之〔惡〕烏路切○邾子來朝○秋
八月大雩○仲孫羯如晉告將朝楚〔羯〕居謁切○冬齊慶封來奔崔杼之黨耆酒
荒淫而出書名罪之自魯奔吳不書以絶位不爲罪〔耆〕市志切○十有一月公如楚爲宋之盟故朝楚〔爲〕
于僞切○十有二月甲寅天王崩靈王也○乙未楚子昭卒康王也十二月

〔無乙未日誤〕

傳二十八年春無冰梓愼曰今茲宋鄭其饑乎〔梓愼魯大夫今年鄭游吉宋向戌言之明年饑甚傳乃詳其事（梓）音子〕歲在星紀而淫於玄枵〔歲星也星紀在丑斗牛之次玄枵在子虛危之次十八年晉董叔曰天道多在西北是歲歲星在亥至此年十一歲故在星紀明年乃當在玄枵今已在玄枵淫行失次（枵）許驕切〕以有時菑陰不堪陽〔時菑無冰也盛陰用事而溫無冰是陰不勝陽地氣發洩（洩）音災注同（洩）息列切下同〕蛇乘龍〔蛇玄武之宿虛危之星龍歲星歲星木也木爲青龍失次出虛危下爲蛇所乘（宿）音秀下同〕龍宋鄭之星也〔歲星本位在東方東方房心爲宋角亢爲鄭故以龍爲宋鄭之星（亢）音剛又苦浪切〕宋鄭必饑玄枵虛中也〔玄枵三宿虛星在其中〕枵耗名也土虛而民耗不饑何爲〔歲爲宋鄭之星今失常淫入虛耗之次時復無水地歲發洩故曰土虛民耗（耗）呼報切（復）扶又切〕○夏齊侯陳侯蔡侯北燕伯杞伯胡子沈子白狄朝于晉宋之盟故也〔陳侯蔡侯胡子沈子楚屬也宋盟曰晉楚之從交相見故朝晉燕國今薊縣（燕）烏賢切（薊）音計〕齊侯將行慶封曰我不與盟何爲於晉〔以宋盟釋齊秦（與）音預下同〕陳文子曰先事後賄禮也〔事大國當先從其政事而後薦賄以副己心（賄）呼罪切〕小事大未獲事焉從之如志禮也〔言當從大國請事以順其志〕雖不與盟敢叛晉乎重丘之盟未可忘也子其勸行〔重丘盟在二十五年（重）直龍切〕○衛人討甯氏之黨故石惡出奔晉衛人立其從子圃以守石氏之祀禮也〔石惡之先石碏有大功於衛國惡之罪不及不祀故曰禮（圃）布古切（碏）七略切〕○邾悼公來朝時事也〔傳言來朝非宋盟宋盟唯施於朝晉楚〕○秋八月大雩旱也○蔡侯歸自晉入于鄭鄭伯享之不敬子產曰蔡侯其不免乎〔不免禍〕日其過此也〔往日至晉時（日）人實切（過）古禾古臥二切〕君使子展廷勞於東門之外而傲〔廷往也（廷）于況切後同（勞）力報切〕吾曰猶將更之今還受享而惰乃其心也君小國事大國而惰傲以爲己心將得死乎若不免必由其子其爲君也淫而不父〔通太子班之妻（傲）五報切下同（惰）徒臥切君小國事大國古本無小字〕僑聞之如是者恒有子禍〔爲三十年蔡世子班弑其君傳〕○孟孝伯如晉告將爲宋之盟故如楚也〔魯晉屬故告晉而行（爲）于僞切〕蔡侯之如晉也鄭伯使游吉如楚及漢楚人還之曰宋之盟君實親辱〔君謂鄭伯（還）音環〕今吾子來寡君謂吾子姑還吾將使馹奔問諸晉而

以告（問鄭君應來朝否〔馹〕人實切）子大叔曰宋之盟君命將利小國而亦使安定其社稷鎮撫其民人以禮承天之休（休福祿也〔休〕許虯切）此君之憲令而小國之望也（憲法也）寡君是故使吉奉其皮幣（聘用乘皮束帛〔乘〕繩證切）以歲之不易聘於下執事（言歲有饑荒之難故鄭伯不得自朝楚〔易〕以豉切〔難〕乃旦切）今執事有命曰女何與政令之有必使而君棄而封守跋涉山川蒙犯霜露以逞君心小國將君是望敢不唯命是聽無乃非盟載之言以闕君德而執事有不利焉小國是懼不然其何勞之敢憚子大叔歸復命告子展曰楚子將死矣不脩其政德而貪昧於諸侯以逞其願欲乂得乎周易有之在復䷗（震下坤上復〔女〕音汝〔與〕音預〔跋〕白末切草行為跋水行為涉〔憚〕徒旦切）之頤䷚（震下艮上頤復上六變得頤〔頤〕以之切）曰迷復凶（復上六爻辭也）（復反也極陰反陽之卦上處極位迷而復反失道已遠遠而無應故凶〔應〕應對之應）其楚子之謂乎欲復其願（謂欲得鄭朝以復其願）而棄其本（不脩德）復歸無所是謂迷復（失道已遠又無所歸）能無凶乎君其往也送葬而歸以快楚心（言楚子必死君往當送其葬）楚不幾十年未能恤諸侯也（幾近也言失道遠者復之亦難〔幾〕居依切又音祈）吾乃休吾民矣（休息也言楚不能復為害〔復〕扶又切下復顧同）裨竈曰今茲周王及楚子皆將死（裨竈鄭大夫〔裨〕避支切）歲棄其次而旅於明年之次以害鳥帑周楚惡之（旅客處也歲星棄星紀之次客在玄枵歲星所在其國有福失次於北禍衝在南南為朱鳥鳥尾曰帑鶉火鶉尾周楚之分故周王楚子受其咎俱論歲星過次梓慎則曰宋鄭饑裨竈則曰周楚王死傳故備舉以示卜占惟人所在〔帑〕音奴〔惡〕如字又烏路切〔衝〕尺容切〔分〕扶問切）九月鄭游吉如晉告將朝于楚以從宋之盟子產相鄭伯以如楚舍不為壇（至敵國郊除地封土為壇以受郊勞〔相〕息亮切下同〔壇〕徒丹切〔勞〕力報切）外僕言曰昔先大夫相先君適四國未嘗不為壇（外僕掌次舍者）自是至今亦皆循之今子草舍無乃不可乎子產曰大適小則為壇小適大苟舍而已焉用壇僑聞之大適小有五美宥其罪戾赦其過失救其菑患賞其德刑（刑法也〔焉〕於虔切下焉用作壇焉辟之又焉用盟皆同〔宥〕音又〔菑〕音災）教其不及小國不困懷服如歸是故作壇以昭其功宣告後人無怠於德（怠解也〔解〕佳賣切）小適大有五惡說其罪戾（自解說也）請其不

足行其政事奉行大國之政共其職貢從其時命從朝會之命共音恭不然則重
其幣帛以賀其福而弔其凶皆小國之禍也焉用作壇以昭其
禍所以告子孫無昭禍焉可也然昭禍以告子孫○齊慶封好田而耆
酒與慶舍政舍慶封子慶封當國不自爲政以付舍好呼報切耆市志切則以其內實遷于
盧蒲嫳氏易內而飲酒內實寶物妻妾也移而居嫳家數日國遷朝焉就於盧蒲氏朝
見封數所主切見賢遍切使諸亡人得賊者以告而反之亡人辟崔氏難出奔者難乃旦切
故反盧蒲癸癸臣子之子之慶舍有寵妻之子之以其女妻癸妻七計切又下注皆同慶
舍之士謂盧蒲癸曰男女辨姓子不辟宗何也辨別也別姓而後可相取慶氏
盧蒲氏皆姜姓辟彼列切下同取七住切本亦作娶曰宗不余辟言舍欲妻己余獨焉辟之賦
詩斷章余取所求焉惡識宗言己苟欲有求於慶氏不能復顧禮譬如賦詩者取其一章而已斷
音短惡音烏安也癸言王何而反之二人皆嬖二子皆莊公黨二十五年崔氏弑莊公癸何出
奔今還求寵於慶氏欲爲莊公報讎嬖必計切下同爲于僞切使執寢戈而先後之寢戈親近兵杖先悉
薦切後戶豆切近附近之近杖直亮切公膳日雙雞卿大夫之膳食膳市戰切謂公家供卿大夫之常膳饔

人竊更之以鶩御者知之則去其肉而以其洎饋御進食者饔人御者欲使
諸大夫怨慶氏減其膳蓋盧蒲癸王何之謀鶩徐音木鴨也去起呂切藏也洎其器切肉汁也說文云洎灌釜也字林己甚切
饋其位切子雅子尾怒二子皆惠公孫慶封告盧蒲嫳以二子怒告嫳盧蒲嫳曰譬
之如禽獸吾寢處之矣言能殺而席其皮使析歸父告晏平仲欲與共謀子雅
子尾平仲曰嬰之衆不足用也知無能謀也言弗敢出不敢洩謀洩音智
有盟可也子家曰子之言云子家析歸父又焉用盟告北郭子車子車
齊大夫子車曰人各有以事君非佐之所能也佐子車名陳文子謂桓
子桓子文子之子無宇曰禍將作矣吾其何得對曰得慶氏之木百車於
莊慶封時有此木積於六軌之道文子曰可慎守也已善其不志於貨財盧蒲癸王何
卜攻慶氏示子之兆龜兆曰或卜攻讎敢獻其兆子之曰克見血
冬十月慶封田于萊陳無宇從丙辰文子使召之請曰無宇之
母疾病請歸慶季卜之季慶封萊音來從才用切示之兆曰死奉龜而泣無宇
泣奉芳勇切乃使歸慶嗣聞之嗣慶封之族嗣繼嗣之嗣本或作慶嗣誤曰禍將作矣謂

子家速歸（子家慶封字）禍作必於嘗（嘗秋祭）歸猶可及也子家弗聽亦
無悛志（悛改寤也悛七全切寤五故切）子息曰亡矣幸而獲在吳越（子息慶嗣）陳無
宇濟水而戕舟發梁（戕殘壞也不欲慶封得救難戕在羊切難乃旦切下外難同）盧蒲姜謂
癸曰有事而不告我必不捷矣（姜癸妻慶舍女）癸告之（告欲殺慶舍）姜曰夫
子愎莫之止將不出我請止之（大子謂慶舍愎皮逼切）癸曰諾十一月乙
亥嘗于大公之廟慶舍涖事（臨祭事涖音泰）盧蒲姜告之且止之弗聽
曰誰敢者遂如公（至公所）麻嬰為尸（為祭尸）慶奊為上獻（上獻先獻者奊戶結切）
盧蒲癸王何執寢戈慶氏以其甲環公宮（廟在宮內環如字徐音患）陳氏鮑
氏之圉人為優（優俳優於求切俳皮皆切）慶氏之馬善驚士皆釋甲束馬（束絆
之也絆音半）而飲酒且觀優至於魚里（魚里里名優在魚里就觀之）欒高陳鮑之
徒介慶氏之甲（欒子雅高子尾陳須無鮑國介音界）子尾抽桷擊扉三（桷椽也扉門闔
也以桷擊扉為期桷音角扉音非門扇也椽直專切闔戶臘切）盧蒲癸自後刺子之王何以戈
擊之解其左肩猶援廟桷動於甍（甍屋棟刺七亦切援音袁甍亡耕切字林亡成切）以
俎壺投殺人而後死（言其多力）遂殺慶繩麻嬰（慶繩慶奊）公懼鮑國曰羣
臣為君故也（言欲尊公室非為亂為于偽切下為之誦同）陳須無以公歸稅服而如
內宮（言公懼於外難稅吐活切又如字）慶封歸遇告亂者丁亥伐西門弗克還
伐北門克之入伐內宮（陳鮑在公所故）弗克反陳于嶽（嶽里名陳直覲切嶽五角切）
請戰弗許遂來奔獻車於季武子美澤可以鑑（光鑑形也鑑古暫切）展莊
叔見之（魯大夫）曰車甚澤人必瘁宜其亡也叔孫穆子食慶封慶
封氾祭（禮食有祭示有所先也氾祭遠散所祭不共瘁在醉切本或作萃同食音嗣氾芳劍切）穆子不說
使工為之誦茅鴟（工樂師茅鴟逸詩刺不敬說音悅茅亡交切鴟尺之切刺七賜切）亦不知既
而齊人來讓（讓魯受慶封）奔吳吳句餘予之朱方（句餘吳子夷末也朱方吳邑句古侯
切下句瀆同）聚其族焉而居之富於其舊子服惠伯謂叔孫曰天殆
富淫人慶封又富矣穆子曰善人富謂之賞淫人富謂之殃天
其殃之也其將聚而殲旃（殲盡也旃之也為昭四年殺慶封傳殲子潛切）○癸巳天王崩
未來赴亦未書禮也（嫌時已聞喪當書故發例）○崔氏之亂喪羣公子故鉏

在魯叔孫還在燕賈在句瀆之丘 在二十五年(喪)息浪切(鉏)仕居切公子鉏也本或作故公
鉏者非(瀆)音豆 及慶氏亡皆召之具其器用而反其邑焉 反還也 與晏
子邶殿其鄙六十 邶殿齊別都以邶殿邊鄙六十邑與晏嬰(邶)蒲對切(殿)多薦切又如字注及下同 弗
受子尾曰富人之所欲也何獨弗欲對曰慶氏之邑足欲故亡
吾邑不足欲也益之以邶殿乃足欲足欲亡無日矣在外不得
宰吾一邑不受邶殿非惡富也恐失富也且夫富如布帛之有
幅焉為之制度使無遷也 遷移也(惡)烏路切(夫)音扶(幅)音福 夫民生厚而用利
於是乎正德以幅之 言厚利皆人之所欲唯正德可以為之幅 使無黜嫚 黜猶放也(黜)勑律切(嫚)音
慢 謂之幅利利過則為敗吾不敢貪多所謂幅也與北郭佐邑
六十受之與子雅邑辭多受少與子尾邑受而稍致之 致還公
以為忠故有寵釋盧蒲嫳于北竟 釋放也(竟)音境 求崔杼之尸將戮之
不得叔孫穆子曰必得之武王有亂臣十人 亂治也(治)直吏切 崔杼其
有乎不十人不足以葬 葬必須十人崔氏不能令十人同心故必得(令)力呈切 既崔氏之

臣曰與我其拱璧 崔氏大璧(拱)居勇切徐音恭 吾獻其柩於是得之十二月
乙亥朔齊人遷莊公殯于大寢 更殯之於路寢也十二月戊戌朔乙亥誤(柩)其救切 以其
棺尸崔杼於市 崔氏弒莊公又葬不如禮故以莊公棺著崔杼尸邊以章其罪(著)丁略切 國人猶知
之皆曰崔子也 始求崔杼之尸不得故傳云國人皆知之 ○為宋之盟故公及宋公
陳侯鄭伯許男如楚公過鄭鄭伯不在 已在楚(為)于僞切(過)古禾切 伯有廷
勞於黃崖不敬 黃崖滎陽宛陵縣西有黃水西南至新鄭城西入洧(勞)力報切(崖)本又作涯魚佳切 穆叔曰
伯有無戾於鄭鄭必有大咎 伯有不受戮必還為鄭國害 敬民之主也而棄
之何以承守 言無以承先祖守其家 鄭人不討必受其辜濟澤之阿 言薄土(阿)
子切禮 行潦之蘋藻 言賤菜(潦)音老(蘋)音頻(藻)音早 寘諸宗室 薦宗廟(寘)之豉切 季蘭尸
之敬也 言取蘋藻之菜於阿澤之中使服蘭之女而為之主神猶享之以其敬也 敬可棄乎 為三十年鄭殺
良霄傳 及漢楚康王卒公欲反叔仲昭伯曰我楚國之為豈為一
人行也 昭伯叔仲帶(為)于僞切下除而為之備一字並同 子服惠伯曰君子有遠慮小
人從邇 邇近也 飢寒之不恤誰遑其後 遑暇也 不如姑歸也叔孫穆

子曰叔仲子專之矣（言足專任）子服子始學者也（言未識遠）榮成伯曰遠圖者忠也（成伯榮駕鵞〔駕〕音加〔鵞〕五河切）公遂行（從昭伯謀）宋向戌曰我一人之為非為楚也飢寒之不恤誰能恤楚姑歸而息民待其立君而為之備宋公遂反○楚屈建卒趙文子喪之如同盟禮也（宋盟有衷甲之隟不以此廢好故曰禮〔衷〕如字又息浪切〔隟〕去逆切本或作郤〔好〕呼報切）○王人來告喪問崩日以甲寅告故書之以徵過也（徵審也此緩告非有事宜直臣子怠慢故以此發例〔徵〕張陵切本或作懲誤）

春秋左氏傳卷第十八

